UTB



**Eine Arbeitsgemeinschaft der Verlage**

Böhlau Verlag · Wien · Köln · Weimar
Verlag Barbara Budrich · Opladen · Toronto
facultas.wuv · Wien
Wilhelm Fink · München
A. Francke Verlag · Tübingen und Basel
Haupt Verlag · Bern · Stuttgart · Wien
Julius Klinkhardt Verlagsbuchhandlung · Bad Heilbrunn
Mohr Siebeck · Tübingen
Nomos Verlagsgesellschaft · Baden-Baden
Ernst Reinhardt Verlag · München · Basel
Ferdinand Schöningh · Paderborn · München · Wien · Zürich
Eugen Ulmer Verlag · Stuttgart
UVK Verlagsgesellschaft · Konstanz, mit UVK / Lucius · München
Vandenhoeck & Ruprecht · Göttingen · Bristol
vdf Hochschulverlag AG an der ETH Zürich

Estella Kühmstedt

# Klug recherchiert: für Politikwissenschaftler

Vandenhoeck & Ruprecht

Estella Kühmstedt (*1962), M.L.I.S., studierte Politikwissenschaft, Neuere und neueste Geschichte und Deutsche Literatur an den Universitäten Freiburg und Hamburg (M.A.) sowie Bibliotheks- und Informationswissenschaft.

Mit 4 Grafiken

Umschlagabbildung: www.J4-studio.com

Online-Angebote oder elektronische Ausgaben sind erhältlich unter
**www.utb-shop.de**

Bibliografische Information der Deutschen Nationalbibliothek

Die Deutsche Nationalbibliothek verzeichnet diese Publikation in der Deutschen Nationalbibliografie; detaillierte bibliografische Daten sind im Internet über http://dnb.d-nb.de abrufbar.



Umschlaggestaltung: Atelier Reichert, Stuttgart
Satz: Ruhrstadt Medien AG, Castrop-Rauxel
Druck und Bindung: Hubert & Co, Göttingen

UTB-Band-Nr. 3743
ISBN 978-3-8252-3743-1

# Inhalt

# Einleitung oder: Im Klaren fischen

Eine wissenschaftliche Arbeit steht an und Sie sind unschlüssig, welchen Einstieg in die Suche nach politikwissenschaftlicher Literatur Sie wählen sollen: das Regal in der Universitätsbibliothek, den Online-Katalog, eine Suchmaschine oder eine Fachdatenbank? Aber welche Datenbanken gibt es überhaupt und wo sind sie zu finden? Sie fragen sich vielleicht weiter, wo genau der Unterschied zwischen Katalog, Datenbank und Suchmaschine liegt?

Trotz der Einführungskurse in die fachliche Recherche durch Dozenten bzw. der Schulungsangebote der Hochschulbibliotheken bleiben doch stets Fragen offen. Konfrontiert mit der Umsetzung des Gehörten besteht bei den Studierenden oftmals Unsicherheit darüber, welche Quellen für die eigene wissenschaftliche Arbeit nötig und welche Informationsmittel wann sinnvoll sind.

Die Literaturrecherche ist ein wenig wie die Suche nach Gold, bei der Sie mit Hilfe eines Siebes Material aus einem aussichtsreich erscheinenden Flussbett schöpfen. Je nachdem, ob Sie nun wenige größere oder viele kleinere Goldstücke finden wollen, greifen Sie zu einem gröber oder feiner gearbeiteten Sieb. Übertragen auf die Literaturrecherche heißt dies: Das bewusst gewählte eng- oder weitmaschige Sieb ist Ihr wohlüberlegtes Suchwerkzeug, das aussichtsreiche Flussbett das passende Informationsmittel, und die herausgefischten Goldstücke sind präzise die Dokumente, die Sie für Ihre Arbeit benötigen. Wenn Sie diese Kunst des „Fischens" beherrschen, sind Sie „informationskompetent".

Laut dem *Netzwerk Informationskompetenz* handelt es sich bei dem Begriff „Informationskompetenz" um die „Fähigkeit, die es ermöglicht, bezogen auf ein bestimmtes Problem Informationsbedarf zu erkennen, Informationen zu ermitteln und zu beschaffen sowie Informationen zu bewerten und effektiv zu nutzen" (http://www.informationskompetenz.de/glossar/?term=344). Anders ausgedrückt: Im Kern besteht die Kunst der ertragreichen Suche darin, die richtige Frage an die richtige Adresse auf die richtige Weise zu stellen. Das ist wahrhaftig leichter gesagt als getan. Dennoch: Genau besehen sind Probleme wie ein zu hoher Zeitaufwand und zu viel Datenmüll in den meisten Fällen methodisch bedingt. So geht viel Zeit verloren, wenn plan- und orientierungslos drauflosrecherchiert wird, ohne sich der Unterschiede von Informationsmaterialien bewusst zu sein bzw. ohne Kenntnis der Suchwerkzeuge, mit denen gearbeitet wird. Je bewusster und systematischer Sie vorgehen, desto effektiver wird Ihre Literatursuche sein, und desto geringer ist die Gefahr, dass Sie sich heillos verzetteln.

Planvoll vorgehen heißt: schrittweise vorgehen. Zunächst klären Sie Ihren Literaturbedarf, der vom Umfang und dem Zweck Ihrer politikwissenschaftlichen Arbeit abhängt und entscheidend ist für die Mittel und Wege Ihrer Recherche. Wie Sie ihren Bedarf klären, erfahren Sie im ERSTEN KAPITEL. Grundlegend hierfür ist das Wissen um die unterschiedlichen Funktionen von Quellen sowie die Art ihrer Publikation. Dies wird das Thema im ZWEITEN KAPITEL sein. Im DRITTEN KAPITEL geht es um spezielle, für das politikwissenschaftliche Studium wichtige Quellen, wie etwa Rechtsdokumente. Wo Sie gezielt die Literatur finden, die Sie benötigen, zeigt Ihnen das VIERTE KAPITEL, in dem sich alles um die unterschiedlichen Informationsmittel und deren Leistungen und Grenzen dreht. Mögliche Suchstrategien werden im FÜNFTEN KAPITEL umrissen. Bevor Sie sich in die eigentliche Recherche stürzen, müssen Sie noch ein wenig mehr Vorarbeit leisten und brauchbare Suchbegriffe finden. Wissenswertes hierzu erfahren Sie im SECHSTEN KAPITEL, das darüber hinaus den variablen Umgang mit Suchwörtern und deren sinnvolle Verknüpfung bei der eigentlichen Recherche vermittelt. Sind Sie bei Ihrer Literatursuche fündig geworden, müssen Sie das Material beschaffen; das SIEBENTE KAPITEL weist Ihnen verschiedene Wege dafür auf. Schließlich ist das Beschaffte kritisch auf seine Brauchbarkeit hin zu überprüfen. Wie Sie Suchergebnisse bewerten können, sagt Ihnen das ACHTE KAPITEL. Im ANHANG schließlich finden Sie alphabetisch sortiert ein Sachverzeichnis sowie sämtliche Internetadressen bzw. Literaturhinweise.

Dieses Handbuch will Ihnen dazu verhelfen, „im Klaren zu fischen"; es will Ihnen vermitteln, wie Sie planvoll bei der Literatursuche vorgehen und zeigen, dass Sie für Ihre wissenschaftliche Arbeit nicht alle Recherchemittel flächendeckend durchpflügen müssen, *Google* allein jedoch nicht ausreicht; es soll Ihnen helfen, einen kritischen Blick dafür zu entwickeln, was wissenschaftlich verwertbar ist und was getrost ignoriert werden kann. Mit einem soliden Grundstock an Wissen werden Ihnen viele Dinge rund um das Recherchieren bald zur Routine werden.

Da das Buch so konzipiert ist, dass Sie einen raschen Überblick über die Einzelthemen sowie die nötigen Grundkenntnisse im jeweiligen Teilbereich erhalten, können Sie punktuell damit arbeiten. Dennoch empfehle ich Ihnen, insbesondere wenn Sie am Beginn Ihres Studiums stehen oder nur wenig Erfahrung mit der Recherche haben, dieses Vademecum (lat.: *vade mecum* = geh mit mir) zunächst gründlich von vorn bis hinten zu lesen. Markieren Sie dabei Wichtiges, schreiben Sie hinein (wenn es Ihnen gehört!) – es ist ein Arbeitsbuch.

Obwohl sich „Klug recherchiert“ speziell an Studierende der Politikwissenschaft richtet, kann es durch die vielen allgemeingültigen Hinweise auch anderen Interessierten als Einführung in die Literatursuche dienen. Ich wünsche Ihnen eine ertragreiche Suche und freue mich über konstruktive Kritik, Ergänzungen, Tipps und Anregungen.

Estella Kühmstedt
Köln 2012

## Danksagung

Für ihre wertvolle Hilfe und Unterstützung sowie für ihr Verständnis danke ich Jeannette Derdau, Sabine Kroll, Bernd Vielhaber, Joachim, Joana und Nils.

# 1 Was brauche ich? Den Literaturbedarf klären



## 1.1 Probleme

Wer sucht, der findet? Nie zuvor war es so leicht wie heute, an Informationsmaterial zu gelangen. Versuchen Sie einmal, zu einem Thema oder Begriff bei *Google* und ihren Schwestern keinen Treffer zu erhalten; das ist eine echte Herausforderung! In der Regel werden Sie – ohne dass Sie mühevoll gesucht haben – mit Treffern geradezu bombardiert. Und doch haben diese Treffer mit Ihrer Suchanfrage oft wenig oder gar nichts zu tun. Die Informationswut unserer Tage ist für den wissenschaftlich Tätigen kritisch insofern, als diese ihm zunehmend Mühe dabei bereitet, brauchbare wissenschaftliche Literatur zu finden, sei es im *World Wide Web* oder in Form gedruckter Erzeugnisse. Die Schwierigkeit liegt also nicht darin, an Informationsmaterial zu gelangen, sondern darin, das Passende für den jeweiligen Bedarf zu finden, manchmal die berühmte Stecknadel im Heuhaufen ausfindig zu machen. Dafür bedarf es vorrangig der relativ neuen Kulturtechnik des Suchens mit elektronischen Werkzeugen. Ein nur vage vorgestellter Bedarf, übersetzt in eine ebenso vage Anfrage über ein Suchwort, wird in der elektronischen Welt bestenfalls zu mittelmäßigen, meist jedoch zu unbefriedigenden Ergebnissen führen.

Ein weiteres Problem für das Finden von Literatur gesellt sich hinzu: die fortschreitende Spezialisierung innerhalb der Fachdisziplinen. Kein Experte überschaut noch sein Fach in allen Facetten und bis in den hintersten Winkel. Nach „dem“ Buch oder „dem“ Zeitschriften- bzw. Internetartikel zu fahnden, das bzw. der Ihren politikwissenschaftlichen Gegenstand von allen Seiten bis zum letzten Partikel ausleuchtet, ist zwecklos: Dieses Dokument gibt es nicht. Sie müssen also „verteilt“ suchen – und werden aller Wahrscheinlichkeit nach trotzdem nicht alles finden, was zu Ihrem Thema existiert. Was weder nötig noch aufgrund der Menge wünschenswert ist. Je größer das Informationsangebot ist, desto sorgfältiger muss der Bedarf geklärt werden.

## 1.2 Lösungsansätze

Was also tun? Einerseits bemühen sich Bibliothekare und andere Experten sehr erfolgreich, die schiere Masse und Vielfalt der Informationen gebündelt in den Griff zu bekommen und die Spreu vom Weizen zu trennen – mit Katalogen, Datenbanken und Spezialsuchmaschinen, mit Portalen und Linklisten, in die nur hineinkommt, was vorher auf Qualität hin kontrolliert wurde.

**INFO**

Die formale und inhaltliche Erschließung der Medien im Wissenschaftsbetrieb erfolgt über komplizierte automatische Verfahren und aufwendige intellektuelle Arbeit von Fachleuten. Für Sie sollten diese Bemühungen Grund genug sein, vorzugsweise und schwerpunktmäßig diese Angebote für Ihre Literatursuche zu nutzen.

Andererseits kommen Sie, wollen Sie ernsthaft politikwissenschaftliche Studien betreiben, nicht umhin, sich ein gewisses Maß an Know-how anzueignen, was die Literaturrecherche in all ihren Phasen und Facetten betrifft. Die Recherche besteht im Kern zwar aus dem wechselwirksamen Paar „Suchen“ und „Finden“, tatsächlich ist sie jedoch eine mehrdimensionale Angelegenheit, nämlich ein Zusammenspiel der zentralen Fragen „was“, „wie“ und „wo“. Bei jeder wissenschaftlichen Arbeit gestaltet sich dieses Zusammenspiel auf andere Weise und muss immer wieder neu justiert, also bedacht, vorbereitet und ausgeführt werden. Vermeiden Sie es, den Weg des geringsten Widerstandes zu gehen, indem Sie ausschließlich das am einfachsten erreichbare Informationsmittel (z.B. *Google*), benutzen; geben Sie sich nie mit den erstbesten Treffern zufrieden, die Ihnen eine Suchmaschine auf eine (unüberlegte) Anfrage hin anbietet, oder mit dem Buch, dass Ihnen in der Bibliothek als gerade einzig verfügbares in die Hände fällt. Richtig verstandenes wissenschaftliches Arbeiten, zu der ganz wesentlich auch die Recherche zählt, fordert Einsatz und Zeit.

## 1.3 Der Zweck Ihrer Arbeit

Vor dem Finden steht die Suche nach Literatur, für die eine gründliche Vorarbeit angesichts der oben angerissenen Herausforderungen unerlässlich ist. Bevor Sie also ungeduldig losrecherchieren, nehmen Sie sich ein bisschen Zeit und fragen Sie sich: Was genau brauche ich? Wobei die Betonung auf „genau" liegt. Die Antwort darauf hängt nicht allein von der Themenstellung ab, sondern auch von der Art der wissenschaftlichen Arbeit bzw. von dem von Ihnen zu erbringenden Leistungsnachweis: Wollen Sie ein kurzes oder längeres Referat mit Thesenpapier vorbereiten, eine knappere oder aufwendigere Hausarbeit schreiben, eine Bachelor- oder Masterarbeit, eine Dissertation verfassen? Ist ein allgemeiner Überblick gefragt oder eine tiefschürfende Analyse zu erstellen, für die Sie Spezialliteratur benötigen? Und wie steht es um Ihren eigenen Wissensstand bezüglich des Gegenstandes, den Sie erforschen werden? Auch dieser Fakt spielt eine Rolle bei der Frage des Bedarfs: Wer bereits profunde Kenntnisse zu seinem Thema besitzt, kann in der Regel eine schlankere Suche ins Auge fassen. „Schlanker" suchen meint dabei nicht „weniger tun", sondern Unnötiges weglassen und spezifischer suchen. Ist Ihr Wissen bezüglich des Forschungsgegenstandes dagegen noch gering, sollten Sie im ersten Schritt nach allgemeinerer Literatur greifen, etwa einem geeigneten Nachschlagewerk, und sich einen groben Überblick verschaffen.

Beziehen Sie in Ihre Überlegungen zu dem Zweck, den Ihre wissenschaftliche Arbeit erfüllen soll, auch die Zielgruppe ein. Denn die Art der Arbeit entscheidet auch darüber, auf welchem Niveau Sie ansetzen müssen: Fachexperten als Zielgruppe in einem Zeitschriftenartikel mit Grundlagenwissen zu versorgen wäre einigermaßen absurd, wogegen Profundes zu einem Thema durchaus in ein Referat und eine Hausarbeit gehört. Im ersten Fall dient es den Kommilitonen zum Verständnis, im zweiten Fall kann die Dozentin oder der Dozent feststellen, inwieweit Sie den Stoff verstanden und die Problematik adäquat verarbeitet haben.

## 1.4 Exkurs: Was bedeutet wissenschaftliches Arbeiten?

Wissenschaftliches Arbeiten besteht aus dem Aufspüren, der Ausarbeitung sowie der Beantwortung einer sinnvollen, klar definierten Fragestellung. Jede Seminararbeit, jedes Referat gibt Ihnen erneut die Möglichkeit, ein Problembewusstsein zu entwickeln und sich in der Themenanalyse sowie einer bestimmten Vorgehensweise, einer Methode zu üben. Diese analytische und konzeptionelle Leistung ist der Kern aller wissenschaftlichen Arbeit, nicht das Schreiben selbst. Dies bedeutet keinesfalls, dass der Ausdruck und Stil Ihrer Niederschrift nebensächlich wäre; schließlich müssen Sie ihre geistige Arbeit über ein Textdokument kommunizieren – mit klarer, sachlicher, korrekter, interessanter und verständlicher Sprache. Benutzen Sie Fachbegriffe korrekt und vermeiden Sie Worthülsen (im politischen und wirtschaftlichen „Bereich" = in Politik und Wirtschaft), umgangssprachliche, abgegriffene und blumige Wendungen. Seien Sie auch vorsichtig mit Metaphern.

**TIPP**

Es gibt eine Menge Bücher über das Abfassen wissenschaftlicher Arbeiten. Schauen Sie in eines von ihnen hinein, zum Beispiel in Umberto Ecos Publikation: *Wie man eine wissenschaftliche Abschlussarbeit schreibt: Doktor-, Diplom- und Magisterarbeit in den Geistes- und Sozialwissenschaften*. 13., unveränd. Aufl. der dt. Ausg. Wien: Facultas, 2010. Was den Stil betrifft, empfehle ich Ihnen die Bücher von Wolf Schneider: *Deutsch für junge Profis: wie man gut und lebendig schreibt*. 2. Aufl., Reinbek bei Hamburg: Rowohlt-Taschenbuch-Verl., 2011, oder *Deutsch!: das Handbuch für attraktive Texte*. Reinbek bei Hamburg: Rowohlt-Taschenbuch-Verl., 2007.

Entscheidend bei der Forschungsarbeit ganz allgemein sind die Besonderheit und Klarheit der Fragestellung. Seien Sie im Wortsinn originell, schauen Sie, welche Sachverhalte erklärungsbedürftig sind, welche Gegebenheiten sich nicht von selbst verstehen, wo Prämissen und Schlussfolgerungen hinterfragt werden können, die als erwiesen gelten. Vermeiden Sie ein Wiederkäuen von Sekundärliteratur, benutzen Sie Primärquellen, vielleicht entdecken Sie dort unerforschte Perspektiven (→ 2.1 Die Funktion von Quellen). Überlegen Sie sich, ob die Frage, der Sie auf den Grund gehen wollen, Sinn macht: Kann sie helfen, einen politischen Prozess oder Sachverhalt, das Handeln von Personen zu erklären und zu bewerten? Legen Sie sich und dem Leser Rechenschaft darüber ab, warum Sie gerade die Frage stellen, die Sie stellen. Worin liegt das Interessante, Problematische, Krisenhafte des zu untersuchenden Gegenstandes? Wie sind die spezifischen Zusammenhänge von Fakten und Begebenheiten geartet, wo existieren sie? Wo liegen die Grenzen Ihrer Themenbearbeitung und warum? Eine interessante und gute Fragestellung zu finden setzt einen unvoreingenommenen, distanziert-kritischen Blick auf Dinge und Sachverhalte voraus, der diese durchaus auch einmal gegen den Strich bürstet.

Der Arbeitsaufwand bei Referat, Seminar- und Abschlussarbeiten ist durchaus vergleichbar, was die wissenschaftliche Tätigkeit selbst betrifft: die Präzisierung einer Fragestellung, die Analyse des Gegenstandes und die Überlegung, nach welcher Methode vorgegangen wird. Der Unterschied liegt neben dem Umfang der Arbeit vor allem in deren Präsentation: Bei einem Referat richten Sie sich an ein Auditorium, nicht an eine Leserschaft. Dem müssen Sie Rechnung tragen: Sie arbeiten primär mit Thesen, die diskussionsfähig und -würdig sind und die Zuhörer für ein spezifisches Problem sensibilisieren, das von Ihnen mehr oder minder knapp analysiert, erklärt und bewertet wird. Ein Referat ist daher komprimierter und weniger deskriptiv als eine Hausarbeit, die sich an einen (geduldigeren) Leser wendet.

## 1.5 Wie breit und wie tief müssen Sie suchen?

Benötigen Sie für ein Kurzreferat lediglich einen groben Überblick zu einem Thema, reicht es normalerweise aus, für den Einstieg ein Nachschlagewerk, Fachwörterbuch oder Standardlehrbuch zu benutzen sowie eine Monografie bzw. einen Zeitschriftenaufsatz heranzuziehen. Ist der Gegenstand Ihrer Arbeit dagegen detaillierter zu erläutern oder soll ein Sachverhalt unter einem sehr speziellen Aspekt untersucht werden, brauchen Sie Fachartikel und Monografien mit den neuesten Forschungsergebnissen bzw. Spezialliteratur. Für eine umfassende Recherche – wirklich vollständig wird eine Recherche wegen der Menge an Literatur heute kaum mehr sein – sind der Online-Katalog und die gedruckten Bibliografien im Regal der Bibliothek(en) vor Ort unzureichend, es sei denn, Sie haben das Glück, dass sich die Spezialbibliothek zu Ihrem Gegenstand in Ihrer Stadt befindet. Wenn Sie in Hamburg leben, sind Sie recht gut bedient, da die Universitätsbibliothek für das Sondersammelgebiet Politikwissenschaft und Friedensforschung zuständig ist, d.h.

den Auftrag hat, die politikwissenschaftliche Literatur so umfassend und vollständig wie möglich zu sammeln (→ 4.5.2 Sondersammelgebiete). Ansonsten müssen Sie sich gegebenenfalls die Mühe machen und den Bestand anderer (Spezial-)Bibliotheken oder den Bestand von Archiven bzw. Dokumentationszentren durchforsten.

**INFO**

Wenn Sie auf der Suche nach Spezialbibliotheken sind, werden Sie z.B. im *Bibliotheksportal* (http://www.bibliotheksportal.de) fündig. Archivadressen weltweit suchen können Sie auf der Website der *Archivschule Marburg* (www.archivschule.de/content/33.html).

Grundsätzlich gilt jedoch, insbesondere für die ersten Studiensemester: Benutzen Sie immer zuerst die Bestände und elektronischen Angebote der Bibliothek(en) an ihrem Wohnort. Alles andere ist aufwendiger und kostspieliger, da Sie zu einer anderen (Präsenz-)Bibliothek reisen, Literatur fernleihen bzw. von Lieferdiensten ordern müssen (→ 7 Literatur beschaffen).

Wie breit und wie tief Sie suchen müssen, und wie viel Zeit Sie für Ihre wissenschaftliche Arbeit jeweils benötigen, hängt davon ab,

- welchen Zweck Ihre Arbeit erfüllen soll,
- von welcher Art die Arbeit ist (Thesenpapier, Hausarbeit Bachelor- oder Masterarbeit, Dissertation),
- wen Sie ansprechen wollen (Zielgruppe),
- wie Ihr Wissensstand zum Thema ist.

## 1.6 Exkurs: Zeit, die Sie brauchen

Neben dem Literaturbedarf müssen Sie immer auch Ihren Zeitbedarf klären, wenn Sie studieren und wissenschaftliche Arbeiten verfassen müssen. Halten Sie den Zeitaufwand für die Literatursuche und das Schreiben stets in einem vernünftigen Verhältnis zu dem Zweck und Umfang Ihrer Arbeit. Überschlagen Sie zunächst, wie viel Zeit Ihnen insgesamt für die wissenschaftliche Arbeit zur Verfügung steht bzw. wie viel Zeit Sie zu investieren bereit sind. Bleiben Sie bei Ihrer Zeitplanung realistisch: Sie werden nicht Tag und Nacht recherchieren und schreiben. Sehr wahrscheinlich auch nicht jeden Tag. Veranschlagen Sie daher lieber weniger Zeit, als Ihnen tatsächlich zur Verfügung steht und schaffen Sie sich damit ausreichende Pufferzonen – für unvorhersehbare Ereignisse, für zusätzlich sich ergebende Arbeit, für lustlose Zeiten.

**TIPP**

Wenn Sie an „Aufschieberitis" leiden, setzen Sie sich feste Termine, d.h. feste Anfangs- und Schlusszeiten, an denen Sie stur festhalten. Notfalls tun Sie in dieser Zeit nichts, außer über Ihre Arbeit nachzudenken. Meist geraten Sie dadurch in einen kreativen Prozess.

Planen Sie ausreichend Pausen während der Arbeit ein, etwa alle zwei Stunden 15 bis 20 Minuten. Gehen Sie „um den Block" oder stehen Sie auf und strecken sich, sorgen Sie für frische Luft. Schlafmangel, übertriebener Kaffeekonsum oder gar Aufputschtabletten sind kontraproduktiv. Erfrischt schaffen Sie in einer Stunde oft das Gleiche, wozu Sie in müdem Zustand drei Stunden benötigen. Pausen schaffen zudem die nötige Distanz zur eigenen Arbeit und wirken so der Betriebsblindheit entgegen. Mit einem realistischen und ausgewogenen Verhältnis von Arbeit, Pausen und Freizeit können Sie entspannt an die Sache gehen; Sie sparen sich den Druck vor dem Vortrags- oder Abgabetermin.

# 2 Wo beginne ich? An der Quelle



Was ist Politik? Über welche Werte lassen sich menschliche Konflikte verbindlich regeln? In welchem Verhältnis stehen Freiheit und Gleichheit zueinander? Menschen erforschen Dinge und deren Zusammenhänge, um sie zu verstehen und um Erkenntnisse aus ihnen zu gewinnen, die als Denk- und Handlungsanreiz, als weiterer Diskussions- und Forschungsstoff dienen können. So geht es in der Politikwissenschaft im Kern darum, politische Strukturen, Prozesse und Handlungsmuster zu verstehen und zu erklären, sowie darum, sich mit der Entstehung und der Lösung von Konflikten in der Gesellschaft und im Staat zu beschäftigen.

Der Prozess des Forschens entspringt einer klaren oder zunächst noch diffusen Frage zu einer Tatsache oder einem zu lösenden Problem und endet mit der Antwort auf diese Fragen und Probleme, die in der Regel schriftlich dokumentiert wird. Dieses die Erkenntnis kommunizierende Dokument ist eine Quelle, die von anderen Forschern zur Kenntnis genommen und wie auch immer weiterverwendet wird oder werden kann. Zwischen der Ausgangsfrage und dem Ergebnis liegt der Forschungsweg, der die jeweilige Erkenntnis für Dritte nachvollziehbar werden lässt: ein Weg der Konzepte, Hypothesen, Theorien, Datenerhebungen oder Experimente, der immer mit einem Quellenstudium gepflastert ist.

Ein solches Quellenstudium erfordert die Recherche nach geeignetem Material. Doch bevor Sie mit der Materialsuche beginnen, sollten Sie sich zunächst Orientierung über die Verschiedenartigkeit der Quellen verschaffen, mit denen Sie es tun haben werden.

## 2.1 Die Funktion von Quellen



Jede Forschungsarbeit basiert auf dem Heranziehen und Studieren von schriftlichen oder auch nichtschriftlichen Quellen. Da Sie es als angehende

Politikwissenschaftlerin oder angehender Politikwissenschaftler zumeist mit Texterzeugnissen zu tun haben werden, steht vor allem die Literatur im Fokus der Ausführungen. Zunächst sind alle Textarten ohne Ausnahme eine Quelle; weil sie jedoch unterschiedliche Charaktere aufweisen, finden wir sie im wissenschaftlichen Betrieb folgendermaßen typisiert:

- Steht ihre *Funktion* für das Forschen im Fokus, wird die wissenschaftliche Literatur eingeteilt in Primär-, Sekundär- und Tertiärquellen.
- Wird auf die *Art der Publikation* geblickt, auf den sogenannten Publikationstyp, wird unterschieden zwischen Aufsatz, Monografie, Nachschlagewerk, Internetquelle etc.

### 2.1.1 Primärquellen

Ursprungstexte sind der primäre Quell jeder Forschungsarbeit, weil sie selbst der Gegenstand sind, der untersucht werden soll, oder weil sie den Forschungsgegenstand mittelbar oder unmittelbar betreffen.

- Das Werk „*De l'esprit des lois*" von Montesquieu ist, insbesondere in der Originalsprache, eine Primärquelle.

Die Primärquelle eröffnet Ihnen die Möglichkeit, neue Aspekte und bisher unberücksichtigte Zusammenhänge mit anderen Gegebenheiten zu entdecken, sie gibt Ihnen die Chance, eine eigene Fragestellung an sie als „Ursache" zu richten bzw. an ihr zu entwickeln.
Primärquellen sind

- Texte von Staatsphilosophen
- Urkunden und Akten
- Chroniken, Annalen
- Amtsdrucksachen
- Archivdokumente
- Rechtsdokumente
- amtliche Statistiken
- wirtschaftliche Daten
- Briefe, Tagebücher

- Autobiografien, Augenzeugenberichte
- Autografen (Texte, Noten)
- Broschüren, Flyer, Programmhefte
- belletristische Werke
- Noten (Urtext)
- Bilder, Fotografien, Filme
- Tonträger
- (Historische) Karten
- Münzen, Wappen, Siegel
- Bauten, Gegenstände, Kleidung

### 2.1.2 Sekundärquellen

Sekundärquellen sind wissenschaftliche Texte *über* Primärquellen, also Literatur, die die Ursprungs- oder Primärtexte zur Kenntnis nimmt, sie erforscht, prüft, erklärt, interpretiert, bewertend kommentiert, methodische Fehler nachweist und so zu neuen Aspekten und Ergebnissen gelangt. Sekundärliteratur ist zugleich Literatur, die dasselbe auch mit ihresgleichen anstellt, d.h. mit Sekundärliteratur, und damit an den aktuellen Forschungsstand anknüpft. Dabei kann es durchaus vorkommen, dass eine Sekundärquelle zur Primärquelle wird, beispielsweise wenn der zu untersuchende Gegenstand die spezielle Forschungsmethode oder eigenwillige Folgerung eines (ursprünglichen) Sekundärquellen-Verfassers ist.

- Eine Abhandlung über die Beziehung von Religion und Gesetz in Montesquieus Werk „*De l'esprit des lois*" ist Sekundärliteratur.

Aus dem Gesagten wird klar ersichtlich, dass Sekundärquellen keinesfalls *Second-hand*-Quellen sind, die vernachlässigt werden dürfen. Das Gegenteil ist der Fall: Sie sind neben den Primärquellen die Grundlage jeder ernstzunehmenden wissenschaftlichen Arbeit, weil dort der aktuelle oder historische Forschungsstand einer Fragestellung, eines Problems oder eines Sachverhalts festgeschrieben steht. Dennoch sollte sich mit dem Fortlauf Ihres Studiums der Schwerpunkt Ihrer wissenschaftlichen Tätigkeit zunehmend auf Primärquellen verlagern.

**TIPP**

Benutzen Sie Sekundärliteratur nicht, um die dort erforschten Sachverhalte einfach zusammenzufassen. Das ist falsch verstandenes wissenschaftliches Arbeiten und zudem langweilig, weil es nichts Neues oder Interessantes zu bieten hat. Verzichten Sie nicht aus Bequemlichkeit auf die Arbeit mit Primärquellen, paraphrasieren oder plagiieren Sie nicht aneinandergereiht die Gedankengänge und Ergebnisse anderer Autoren. Denken Sie selbst und leisten Sie einen echten Beitrag. Schließlich ist das Ziel jeder wissenschaftlichen Dokumentation deren Publikationswürdigkeit. Ihre Texte müssen es verdienen, publiziert zu werden, wobei das Verdienst darin liegt, dass Sie veritabel geforscht haben.

Sekundärquellen sind

- Aufsätze in Fachzeitschriften
- Zeitungsartikel
- Monografien
- Konferenzberichte
- Beiträge in Sammelbänden
- Biografien

### 2.1.3 Tertiärquellen

Tertiärquellen schließlich sind Erzeugnisse, die Primär- und Sekundärquellen, aber auch sich selbst gegenseitig auffindbar machen. Quellen dieses Typs dienen vor allem der Literatur-, Daten- und Faktensuche oder geben einen Überblick zu Personen, Begriffen, Themen, Problemstellungen, Theorien und Diskursen.

- Der Artikel „Montesquieu" in der Online-Enzyklopädie *Wikipedia* ist eine Tertiärquelle.

Der Blick in ein Nachschlagewerk ersetzt weder die Beschäftigung mit Primärquellen noch das Studieren von Sekundärquellen, weshalb Sie sie als das verwenden sollten, was sie sind: als Hilfe, um sich einen Einblick oder Überblick zu verschaffen.

Anders als bei Primär- und Sekundärliteratur sollten Sie Referenzquellen wie Handbücher, Lexika oder Wörterbücher prinzipiell nicht zitieren, d.h., Zitate aus ihnen gehören nicht in eine Fußnote oder das Literaturverzeichnis Ihrer wissenschaftlichen Arbeit – es sei denn, die Definition von beispielsweise „Freiheit" in politischen Wörterbüchern ist der Gegenstand Ihrer vergleichenden Analyse; in diesem Fall sind die Wörterbücher die Primärquellen. Eine weitere Ausnahme besteht für autorisierte Artikel einer Enzyklopädie oder eines Fachwörterbuchs, d.h. Texte, die mit dem Namen des (renommierten) Autors versehen sind und dessen Meinung resp. wissenschaftliche Richtung verrät.

Ganz so streng gilt das „Zitierverbot" in der Regel nicht für Studienanfänger; ihnen sei es – in Grenzen – erlaubt, für das Referat oder die Seminararbeit eine Tertiärquelle zu zitieren, zum Beispiel einen Textausschnitt aus einem *Wikipedia*-Artikel. Sprechen Sie dies ggf. mit Ihrer Professorin/Dozentin bzw. Ihrem Professor/Dozenten persönlich ab, um auf der sicheren Seite zu sein. Für fortgeschrittene Semesterarbeiten oder in der Bachelor- und Masterarbeit ist das Zitieren aus Nachschlagewerken tabu.

Tertiärquellen sind

- (Fach-)Lexika und Wörterbücher
- Enzyklopädien
- Lehrbücher, Einführungen in ein Thema oder Fach
- gedruckte Fach- und Themenbibliografien
- bibliografische Datenbanken und Kataloge
- Adressverzeichnisse
- Verzeichnisse von Firmen und Institutionen
- Gesetzes- oder Statistiksammlungen
- Editionen und Regesten

## 2.2 Die Art der Publikation

2.2.1 Nachschlagewerke und Lehrbücher
2.2.2 Monografien: Hochschulschriften und Sammelbände
2.2.3 Fachzeitschriften, Aufsätze und Zeitungsartikel
2.2.4 Graue Literatur
2.2.5 Elektronische Bücher und digitalisierte Druckwerke

Neben der verschiedenen Funktion, die sie für die wissenschaftliche Arbeit besitzen, unterscheiden sich Quellen überdies in der Art ihrer Erscheinungsweise: Im Fokus stehen im Folgenden sogenannte Publikationstypen wie Nachschlagewerke, Monografien, Zeitschriftenaufsätze, Graue Literatur oder Internetquellen.

### 2.2.1 Nachschlagewerke und Lehrbücher

Zu den klassischen Nachschlagewerken gehören Lexika, Enzyklopädien, Wörterbücher, Bibliografien, Bibliothekskataloge, Bestandsverzeichnisse von Archiven (Findbücher) sowie Handbücher. Sie alle halten grundlegende Definitionen, Daten, Fakten und Informationen zu Personen, zu Ländern, zu historischen und aktuellen Themen bereit und sie verweisen in der Regel auf Primärquellen sowie Sekundärliteratur. Nachschlagewerke sind alphabetisch oder systematisch geordnet.

**INFO**

In Bibliotheken sind Nachschlagewerke leicht zugänglich; ihren jeweiligen Standort erfahren Sie über den Bibliothekskatalog oder das Bibliothekspersonal.
Über die *Virtuelle Fachbibliothek Politikwissenschaft (ViFaPol)* haben Sie Zugriff auf Online-Nachschlagewerke zu Politik und verwandten Fächern wie Recht, Wirtschaft, Umwelt und Philosophie etc. (http://www.vifapol.de/systematik). Auch über das *Datenbank-Infosystem (DBIS)* finden Sie im Fachausschnitt „Politologie" mittels der Datenbanktyp-Suche (Volltextdatenbank) Nachschlagewerke (http://rzblx10.uni-regensburg.de/dbinfo). Für Politikwissenschaftler interessant ist z.B. die elektronische Version der acht gedruckten Bände der *International Encyclopedia of Political Science*, die Informationen über sämtliche Aspekte des politischen Lebens, einschließlich theoretischer Grundlagen und empirischer Befunde umfasst.

**TIPP**

Benutzen Sie nicht einseitig nur elektronische Nachschlagewerke. Der Griff zum Buch ist manchmal schneller und effektiver als die Suche nach einem passenden Online-Äquivalent.

An dieser Stelle ein paar Worte zu dem heute bekanntesten und umfassendsten Nachschlagewerk, der *Wikipedia*: Dieses Werk ist keine Enzyklopädie im klassischen Sinne, sondern ein gigantisches Mitmachwerk: Wirklich jeder kann hier, ob sachkompetent oder nicht, Artikel schreiben, ändern, ergänzen oder zum Löschen vorschlagen. So differieren Gehalt und Qualität der Beiträge entsprechend: Hervorragende, fachlich fundierte und mit wissenschaftlichen Quellen belegte Texte stehen neben einigermaßen passablen, lückenhaften, diskussionswürdigen oder schlicht falschen Informationen. Bleiben Sie daher kritisch. Die *Wikipedia* eignet sich sehr gut für den Einstieg in ein Thema oder die Faktensuche und ist häufig erstaunlich aktuell. Insbesondere Artikel mit ausführlichen Quellenangaben und weiterführender Literatur können sich als nützlich erweisen. Zur Beurteilung eines Artikels können Sie die Entstehung und Diskussion des Textes in der Versionshistorie nachverfolgen.

Auf der sicheren Seite sind Sie noch immer, wenn Sie den *Brockhaus* oder die *Encyclopedia Britannica* heranziehen. Auch wenn sich inzwischen herausgestellt hat, dass die Artikel dieser Werke nicht unbedingt weniger fehlerhaft sind als die der *Wikipedia*, so genießen sie nach wie vor doch ein höheres Ansehen, das sich in der ausgewählten Autorenschaft begründet.

*Wikipedia*
http://www.wikipedia.de
*Brockhaus*
http://www.brockhaus-enzyklopaedie.de
*Encyclopedia Britannica*
http://www.britannica.com

Es spricht nichts dagegen, wenn Sie eine tertiäre Quelle nutzen, um sich einen schnellen Überblick über eine Biografie, ein Ereignis, eine Institution, einen Sachverhalt oder einen Begriff zu verschaffen. Dennoch ersetzen Nachschlagewerke keinesfalls Ihre eigene Recherche. Sie müssen die Informationen überprüfen und zumindest mit wissenschaftlich anerkannten Sekundärquellen oder ggf. der Primärquelle selbst vergleichen. Besser mit beiden, da selbst Primärquellen fehlerhaft sein können (z.B. ein Datum oder eine Zahl durch einen Druckfehler).

**INFO**

Biografien recherchieren können Sie in der *Alten (ADB)* und *Neuen (NDB) Deutschen Biographie* (http://www.deutsche-biographie.de/) oder im *Biographie-Portal* (http://www.biographie-portal.eu/).

Im weiteren Sinne zählen zu den Nachschlagewerken auch Lehrbücher, Grundkurse bzw. Einführungen in eine Disziplin oder Teildisziplin, die insbesondere für Studienanfängerinnen und Studienanfänger wichtig sind. Wenn Sie sich ein breites Grundverständnis für die Politikwissenschaft aufbauen möchten, was sie unbedingt sollten, sind diese Einführungen für Sie unerlässlich.

**INFO**

Einführungen in die Politikwissenschaft und deren Teilbereiche finden Sie in der Lehrbuchsammlung Ihrer Bibliothek oder in Stadtbibliotheken, die häufig gut sortiert sind. Im *PW-Portal* finden Sie unter dem Menüpunkt „Auswahlbibliographien" Verweise auf politikwissenschaftliche Einführungs- und Grundlagenliteratur, jeweils mit einer Rezension und dem Inhaltsverzeichnis versehen (http://pw-portal.de). In der *Virtuellen Fachbibliothek Politikwissenschaft (ViFaPol)* gelangen Sie über „systematische Suche/Ressourcentypen/Individuelle Publikationen" zu „Lehrmaterial und Einführungen" (http://www.vifapol.de/).

Für angehende Politikwissenschaftlerinnen und Politikwissenschaftler gibt es inzwischen zahlreiche Lehrbücher, die einen mehr oder weniger aktuellen, breiter oder tiefer angelegten Einblick in fachlich spezifische Themen, Problemstellungen, Diskurse, Kontroversen oder zentrale Argumentationen geben. Wegen der Vielzahl der Publikationen kann und soll an dieser Stelle keine Empfehlung für die eine oder andere Einführung ausgesprochen werden. Schauen Sie in diese Lehrbücher hinein und lesen Sie sie quer – durchaus auch vergleichend, wenn es sich um den gleichen Inhalt handelt. Suchen Sie sich dasjenige heraus, das Ihnen am ergiebigsten für Ihre Arbeit erscheint und scheuen Sie sich nicht, im Zweifel Ihre Dozentin oder Ihren Dozenten nach einer Empfehlung zu fragen.

Beachten Sie auch hier: Wie die klassischen Nachschlagewerke gehören Lehrbücher nicht zur einschlägigen Forschungsliteratur, was bedeutet, dass Sie sie in der schriftlichen Arbeit nicht zitieren dürfen. Greifen Sie gegebenenfalls auf die Ursprungswerke der im Lehrbuch erwähnten Autoren zurück.

### 2.2.2 Monografien, Hochschulschriften und Sammelbände

**Monografien**

Um sich tiefgehender und umfassender mit dem Gegenstand Ihrer Forschung zu befassen, werden Sie Fachbücher heranziehen müssen, egal, ob es sich nun um ein Referat, eine Seminararbeit oder um Ihre Studienabschlussarbeit handelt. Diese in Buchform veröffentlichten „Einzelschriften" sind in sich abgeschlossene Werke zu einem bestimmten Gegenstand, die von nur einem Verfasser oder auch von einem Autorenteam stammen. In Monografien finden Sie Forschungsergebnisse und -diskurse sowie wertvolle Literaturhinweise. Was Letztere betrifft, beachten Sie bitte stets das Erscheinungsjahr des Fachbuchs, das Sie benutzen, da Fachbücher mitunter schnell veralten. Dagegen lässt sich eine aktuelle Monografie bestens als Ausgangspunkt für die sogenannte Schneeballsuche verwenden (→ 5.2 Schneeballsuche). Monografien gibt es zunehmend auch als elektronische Bücher oder digitale Kopien (→ 2.2.5 Elektronische Bücher und digitalisierte Druckwerke).

**INFO**

Bibliothekare unterscheiden zwischen „selbstständig" erschienener Literatur wie Monografien und „unselbstständig" erschienener Literatur wie Sammelbandbeiträgen oder Zeitschriftenaufsätzen.

**Hochschulschriften**

Zu den Monografien zählen auch Hochschulschriften, also Dissertationen und Habilitationsschriften, bei großzügiger Auslegung auch Diplom-, Bachelor- und Masterarbeiten. Dissertationen sind besonders für die höheren Semester interessant, weil sie ein eng umgrenztes Thema sehr ausführlich behandeln bzw. diskutieren und umfangreiche Literaturangaben enthalten (Aktualität beachten!). Sie werden als wichtige wissenschaftliche Beiträge gewertet, weshalb die Urheber verpflichtet sind, sie zu publizieren.

Diplom-, Bachelor- und Masterarbeiten werden der sogenannten Grauen Literatur zugerechnet (→ 2.2.4 Graue Literatur) und nur von einigen Hochschulen gesammelt; in diesem Fall finden Sie sie über den Katalog der entsprechenden Hochschulbibliothek. Zunehmend veröffentlichen die Autoren ihre Studienabschlussarbeiten im Selbstverlag, so dass die Werke mitunter auf diesem Weg in die Bibliotheken gelangen.

**INFO**

Die Deutsche Nationalbibliothek bietet für die Suche nach Dissertationen und Habilitationen die bibliografische Datenbank *Dissonline* an (http://www.dissonline.de). Dort können Sie die elektronischen Texte aus den Beständen der Deutschen und der Schweizerischen Nationalbibliothek suchen. Hochschulschriften finden Sie auch über die Server der Hochschulen (OPUS-Datenbanken), z.B. bei eDoc.ViFaPol (http://edoc.vifapol.de/opus/), dem Volltextserver für Politikwissenschaft und Verwaltungswissenschaften, der vor allem Graue Literatur vorhält (→ 2.2.4 Graue Literatur).

**Sammelbände**

Sammelbände sind eine Art Mischung aus Monografie und Zeitschrift: In der Form eines Buches enthalten sie mindestens zwei, in der Regel aber mehrere Beiträge zu einem zumeist speziellen Thema, die von unterschiedlichen Autoren stammen. Mitunter gibt es auch Sammelbände, die mehrere Aufsätze eines einzigen Verfassers umfassen; hier sollten Sie das Jahr der Veröffentlichung der einzelnen Beiträge beachten. Teils sind Sammelwerke in sich geschlossen wie Festschriften und Konferenzberichte, teils mehrbändig oder fortlaufend wie Schriftenreihen. In nur wenigen Fällen werden Sie Sammelbände komplett durchlesen (müssen); eher können Sie sich die für Ihr Thema relevanten Beiträge herauspicken.

**INFO**

Die Titel der einzelnen Beiträge eines Sammelwerks finden Sie übrigens nicht im Bibliothekskatalog; dort sind ausschließlich der Titel und Herausgeber des Buches verzeichnet. Verweise auf Titel und Verfasser der Einzelbeiträge bieten insbesondere Aufsatzdatenbanken (→ 4.3 Datenbanken).

Konferenzschriften oder Kongressberichte finden sich generell in Form eines Sammelbands konzentriert. Dabei handelt es sich um Forschungsergebnisse, die von Fachleuten auf Symposien oder Kongressen vorgetragen wurden. Diese sind besonders dann interessant, wenn Forschungsprojekte beschrieben werden, die noch in der Entwicklungsphase stecken und erst in der Zukunft stärkere Beachtung finden werden.

**INFO**

Kongressschriften finden Sie über gedruckte oder elektronische Bibliografien, beispielsweise über die Aufsatzdatenbank *Internationale Jahresbibliographie der Kongressschriften (IJBK)*, auf die Sie über das *Datenbank-Infosystem (DBIS)* zugreifen können (Fachausschnitt „Politologie", Datenbanktyp-Suche), vorausgesetzt, Ihre Bibliothek besitzt eine Lizenz für diese Datenbank (http://rzblx10.uni-regensburg.de/dbinfo). Die Bibliografie gibt es auch als CD-ROM und DVD.

Festschriften zählen ebenfalls zu den Sammelbänden. Sie werden zu Ehren verdienter Wissenschaftlerinnen und Wissenschaftler herausgegeben und enthalten Beiträge von Fachkolleginnen und -kollegen zu dem gemeinsamen Forschungsgegenstand, in denen sie einen fundierten Überblick über den aktuellen Stand ihrer Forschung geben und direkt oder indirekt das Verdienst der/des Geehrten würdigen.

INFO

Festschriften können Sie über gedruckte und elektronische Bibliografien aufspüren, beispielsweise mit der fachübergreifenden *Internationale Jahresbibliographie der Festschriften( IJBF),* auf die Sie über das *Datenbank-Infosystem (DBIS)* zugreifen können, wenn Ihre Bibliothek eine Lizenz für diese Datenbank besitzt. Wählen Sie dafür den Fachausschnitt „Politologie" und die Datenbanktyp-Suche (http://rzblx10.uni-regensburg.de/dbinfo). Die Bibliografie gibt es auch als CD-ROM und DVD.

### 2.2.3 Fachzeitschriften, Aufsätze und Zeitungsartikel

Aufsätze in Fachzeitschriften gehören zu den wichtigsten Publikationen, daher sollten Sie sie grundsätzlich für Ihre Arbeit heranziehen. In ihnen finden Sie in mehr oder weniger kurzer Form die aktuellen Forschungsergebnisse von Wissenschaftlern und erhalten wichtige Verweise auf einschlägige Literatur. Das Lesen solcher Aufsätze setzt oft einen gewissen Grundstock an Fachwissen voraus, aber Wissenslücken können Sie leicht durch Nachschlagewerke oder Fachwörterbücher schließen.

Die wichtigsten gedruckten Zeitschriften Ihres Fachs finden Sie in Ihrer Universitäts-, Fakultäts- oder Institutsbibliothek. Zu den aktuellen Ausgaben haben Sie in der Regel direkten Zugang, ältere sind dagegen magaziniert. Sehen Sie im Bibliothekskatalog nach, ob bei der Bestandsangabe das gewünschte Heft vorhanden ist; die Angabe „1/1967-" beispielsweise heißt, dass das Zeitschriften-Abo noch läuft, „1/1967-8/2002" bedeutet, dass die Zeitschrift von der Bibliothek bis zum Augustheft des Jahres 2002 gesammelt wurde. Es bedeutet nicht, dass die entsprechende Zeitschrift zu diesem Zeitpunkt eingestellt wurde; darüber, in welchem Zeitraum eine Zeitschrift erschienen ist, gibt der Erscheinungslauf Auskunft. Bei der Bestandsangabe vermerkt sind selbstverständlich auch fehlende Hefte.

INFO

Die Titel und Verfasser von Aufsätzen in Fachzeitschriften finden Sie im Allgemeinen (noch) nicht im Online-Katalog der Hochschulbibliotheken; dort sind lediglich die Titel der Zeitschriften verzeichnet. Eine Ausnahme bildet z.B. der Online-Katalog des Deutschen Bundestages, der auch Aufsätze verzeichnet (http://opac.bibliothek.bundestag.de).

Wenn Sie den Titel, den Jahrgang und die Heftnummer der Zeitschrift kennen, in der sich der Aufsatz befindet, den Sie lesen und verarbeiten wollen, suchen Sie direkt nach dem Titel der Zeitschrift. Wenn Sie jedoch Aufsätze über ein bestimmtes Thema suchen, ohne sich auf einen bestimmten Zeitschriftentitel festlegen zu können oder zu wollen, helfen Ihnen gedruckte oder elektronische (Aufsatz-)Bibliografien weiter (→ 4.2 Bibliografien / → 4.3.1 Referenzdatenbanken). Über bibliografische Datenbanken können Sie oftmals direkt auf den Volltext zugreifen.

Unabhängig von bestimmten Bibliotheksbeständen finden Sie Zeitschriften in der *Zeitschriftendatenbank (ZDB)*. Dort können Sie Titel recherchieren und die Orte erfahren, wo Sie die jeweilige Zeitschrift beschaffen können (→ 7 Literatur beschaffen). Die *ZDB* ist die zentrale deutsche Datenbank für Periodika, die sowohl gedruckte als auch digitale Zeitschriften verzeichnet. In ihr können Sie allerdings keine Einzelaufsätze recherchieren.

**INFO**

Zugang zu der *ZDB* erhalten Sie über die Websites der Bibliotheken, über den *Karlsruher Virtuellen Katalog* (http://www.ubka.uni-karlsruhe.de/kvk.html) oder direkt unter der Adresse http://www.zeitschriftendatenbank.de/.

Bei der Suche nach politikwissenschaftlichen Online-Zeitschriften hilft die *Elektronische Zeitschriftenbibliothek (EZB)* im Fachausschnitt „Politologie" weiter. Leider stellen die Websites, die diese Fachzeitschriften jeweils bereit halten, die einzelnen Artikel häufig nur über eine Lizenz zur Verfügung und beschränken ihr frei zugängliches Angebot auf Inhaltsverzeichnisse und mitunter kurze Zusammenfassungen der Artikel (*Abstracts*). Bibliotheken kaufen deshalb Lizenzen für die wichtigsten Online-Fachzeitschriften. Welche elektronischen Zeitschriften frei zugänglich, abonniert oder kostenpflichtig sind, erkennen Sie bei der *EZB* an den Ampelsymbolen (oder anderen Kennzeichnungen): Der grüne Punkt kennzeichnet frei zugängliche Volltexte, der gelbe Punkt zeigt Ihnen an, dass die Bibliothek, von der aus Sie recherchieren, den Zugang zu den Volltexten gekauft hat, der rote Punkt schließlich „warnt" vor kostenpflichtigen Zeitschriften.

**INFO**

Die *Elektronische Zeitschriftenbibliothek( EZB)* erreichen Sie über die Websites der Bibliotheken oder direkt (http://rzblx1.uni-regensburg.de/ezeit/).

Wie bei der *ZDB* können Sie auch hier nur die Zeitschriftentitel recherchieren, nicht einzelne Artikel. Häufig bieten Hochschulbibliotheken einen externen Zugriff auf lizensierte E-Journals über den Benutzerausweis an. Fragen Sie das Bibliothekspersonal danach oder informieren Sie sich auf der Bibliotheks-Website.

Im Wesentlichen inhaltsgleich mit der *EZB* ist die *ASEZA-Datenbank*, mit der Sie elektronische Zeitschriften und auch Aufsätze suchen können. Denn anders als die *EZB* bietet die Datenbank zusätzlich eine integrierte Fachwörter- und Themensuche an, sodass Sie nach Artikeln und Zeitschriften suchen können, die Ihnen vom Titel her nicht bekannt sind. Die Fachbegriffe und Themen werden in einem Index angezeigt.

**INFO**

Zugang zu *ASEZA* erhalten Sie direkt über http://www.multisuchsystem.de/aseza.html.

Wenn Sie sich keinen Zugriff zu einem Online-Zeitschriftenartikel verschaffen können, prüfen Sie stets, ob ein gedrucktes Pendant existiert. Sie können es zunächst auch bei *Google Scholar* versuchen, da dort viele Zeitschriftenartikel frei verfügbar sind, obwohl sie an sich einer Lizenz unterliegen (http://scholar.google.de/).

Wichtige politikwissenschaftliche Zeitschriften (Auswahl):

Deutschsprachige Fachzeitschriften

- Politische Vierteljahresschrift (PVS)
- Zeitschrift für Parlamentsfragen (Zparl)
- Zeitschrift für Politik (ZfP)

- Aus Politik und Zeitgeschichte
- Zeitschrift für Politikwissenschaft (ZPol)
- Zeitschrift für Vergleichende Politikwissenschaft (ZfVP)
- Zeitschrift für Internationale Beziehungen (ZIB)
- Internationale Politik
- Neue Politische Literatur (NPL)
- WeltTrends
- Leviathan
- Politisches Denken (Jahrbuch)
- INDES Zeitschrift für Politik und Gesellschaft

Weltweit einschlägige Zeitschriften

- American Journal of Political Science (AJPS)
- American Political Science Review (APSR)
- Comparative Political Studies (CPS)
- European Journal of Political Research (EJPR)
- Political Studies
- Third World Quarterly

**TIPP**

Zeitschriften werden oft nur mit ihrem Kurztitel genannt; das Auflösen des jeweiligen Akronyms gelingt leicht mit Hilfe der *Zeitschriftendatenbank (ZDB)*, indem Sie einfach die Titelabkürzung in das Suchfeld eingeben *(http://zeitschriftendatenbank.de/)*. Heranziehen können Sie auch das gedruckte Handbuch *ITA: Internationale Titelabkürzungen von Zeitschriften, Zeitungen, wichtigen Handbüchern, Wörterbüchern, Gesetzen, Institutionen usw.*/ Otto Leitner [Begr.]. 12., erw. Aufl. München [u.a.]: Saur, 2009.

Tages- oder Wochenzeitungen wie *Die Zeit*, der *Spiegel* oder der *Focus* gelten nicht als Fachzeitschriften. Nützlich sind Zeitungsartikel manchmal dennoch, ob nun als historische Dokumente oder als Vermittler der neuesten politischen oder gesellschaftlichen Geschehnisse.

Es gibt verschiedene Wege, nach Zeitungen bzw. Zeitungsartikeln zu suchen. Zunächst können Sie den Bibliothekskatalog befragen, welche Zeitungen Ihre Bibliothek sammelt oder gesammelt hat. Dabei variiert die Form der Ausgabe: es wird sie gedruckt, verfilmt oder elektronisch geben. Allerdings: Einzelne Zeitungsartikel werden Sie nur selten in einem Bibliothekskatalog erschlossen finden; außer in den Katalogen einiger Spezialbibliotheken oder Dokumentationszentren können Sie also in Bibliothekskatalogen nicht thematisch suchen, sondern nur nach dem Zeitungstitel, und in der Bestandsangabe prüfen, welche Jahrgänge und Ausgaben vorhanden sind. Wenn es die von Ihnen gewünschte Zeitung oder die gesuchte Ausgabe im Bestand Ihrer Bibliothek nicht gibt, können Sie in der *Zeitschriftendatenbank (ZDB)* suchen und herausfinden, welche Bibliothek diese Zeitung besitzt (http://www.zeitschriftendatenbank.de).

Sie können auch direkt die Website einer bestimmten Zeitung aufrufen und in deren Volltextarchiv recherchieren. Der Zugriff auf ältere Artikel ist leider häufig kostenpflichtig. Schauen Sie dennoch, in welchem Archiv Sie kostenfrei Volltexte erhalten. Schließlich führen spezielle Datenbanken (→ 4.3.2 Volltextdatenbanken) und Suchmaschinen (→ 4.6 Suchmaschinen) über eine thematische Suche auf Zeitungsartikel.

Neueste Nachrichten erhalten Sie hier (Auswahl):

*Trendiction*
http://www.trendiction.de/s/
*Paperball*
http://www.paperball.de/
*Google News*
http://news.google.de/
*Onlinenewspapers*
http://onlinenewspapers.com
*eufeeds*
http://www.eufeeds.eu/de

### 2.2.4 Graue Literatur

Der Begriff „Graue Literatur“ meint Publikationen, die außerhalb des Buchhandels erschienen sind, wie Vereins- und Organisationsschriften, Pre- und Postprints wissenschaftlicher Institutionen (Arbeitspapiere,

Vorabdrucke etc.), Tagungs- und Konferenzpapiere, Flugblätter, Flyer und Programmhefte, aber auch Bücher, die nicht über den Buchhandel vertrieben werden.

Graue Literatur ist oft schwer zu finden. Manchmal werden Arbeitspapiere (*workingpapers*) und ähnliche Formen wissenschaftlicher Dokumentation erst viel später registriert, nämlich dann, wenn sie in einem Sammelband, einer Zeitschrift oder als Internetquelle erscheinen. Die Zeitspanne zwischen der Erstellung und der Veröffentlichung solcher Dokumente kann erheblich sein. Oftmals bleiben sie auch Graue Literatur und tauchen als solche in gedruckten oder elektronischen Bibliografien auf. Sind Sie auf ein „graues" Dokument etwas älteren Datums gestoßen und wollen es für Ihre Arbeit verwenden, sollten Sie prüfen, ob der Text inzwischen in einer Zeitschrift oder einem Buch publiziert wurde, und diese Form für die Zitierung in Ihrer Forschungsarbeit vorziehen.

**TIPP**

Sie können die Websites von Konferenz- oder Kongressveranstaltern aufrufen und schauen, ob sie dort an Material kommen, bevor es im Buchhandel erscheint. Überhaupt lassen sich in Websites von renommierten Institutionen oftmals archivierte Berichte aufstöbern, die für die eigene Arbeit von Interesse sind.

Wegen ihres Primärquellencharakters und ihrer Aktualität können wissenschaftliche Schriften „grauer" Natur von großem Wert sein, vor allem dann, wenn die herausgebende Institution renommiert ist. Nach Grauer Literatur recherchieren können Sie beispielsweise hier:

*Grey Literature Network Service*
http://www.greynet.org/
*Open Grey*
http://www.opengrey.eu/
*eDoc. ViFaPol*
http://edoc.vifapol.de/opus/
*Deutsche Nationalbibliothek*
https://portal.dnb.de/

### 2.2.5 Elektronische Bücher und digitalisierte Druckwerke

Zum Angebot von Bibliotheken gehören längst auch elektronische Bücher und digitalisierte, d.h. eingescannte und abgespeicherte, „nichtkörperliche" Werke. Zumeist finden Sie diese unter „E-Books" auf der Bibliotheks-Website.

Abgesehen von der subjektiven Vorliebe bezüglich des Lesens – vom Blatt oder vom Bildschirm – haben E-Books den Vorteil, dass sie stets verfügbar sind, also nicht vorgemerkt oder an der Ausleihtheke abgeholt werden müssen, da sie von mehreren Lesern gleichzeitig genutzt werden können. Komfortabler sind sie gegenüber den Druckwerken auch, weil Sie Textpassagen zum Zitieren einfach kopieren und in Ihren Text einfügen können. Handelt es sich wie zumeist um eine PDF-Datei, sind die Seitenzahlen mit denen des gedruckten Buchs identisch; Sie können also zitieren, ohne vorher die Printversion zu sichten, um die Seitenzahlen zu vergleichen. Vorteilhaft sind schließlich die diversen Suchmöglichkeiten, die elektronische Bücher bieten.

Allerdings verbietet häufig das Urheberrecht ein komplettes Herunterladen und/oder Speichern von E-Books, weshalb Sie doch wieder auf das gedruckte Pendant zurückgreifen müssen. Viele Staatsphilosophen beispielsweise sind jedoch gemeinfrei, d.h. sie können, was deren Werke betrifft, nach der elektronischen Variante recherchieren; im Bibliothekskatalog sind E-Books mit einem direkten Link versehen. Im *Datenbank-Infosystem DBIS* gelangen Sie auf zahlreiche, alphabetisch sortierte E-Book-Sammlungen, wenn Sie in das Suchfeld der schnellen Suche „ebook" eingeben.

**INFO**

Gemeinfrei sind Werke, wenn sie keinem Urheberrecht mehr unterliegen. In Deutschland endet der Urheberschutz in der Regel 70 Jahre nach dem Tod des Autors („post mortem auctoris").

Folgende Adressen versammeln gemeinfreie bzw. frei zugängliche Werke (Auswahl):

*Projekt Gutenberg*
http://gutenberg.spiegel.de

*Google Buchsuche*
http://www.google.de/books
*Wikisource*
http://de.wikisource.org
*ManyBooks.Net*
http://manybooks.net/
*JustFreeBooks*
http://www.justfreebooks.info/
*ZVDD – Zentrales Verzeichnis Digitaler Drucke*
http://www.zvdd.de/
*Digitale Literatur weltweit (Universität Heidelberg/Digitale Bibliothek)*
http://www.ub.uni-heidelberg.de/helios/digi/digiallg.html

**TIPP**

Google hat den *Ngram Viewer* eingerichtet, ein Tool zur Analyse von eingescannten Büchern aus der Google-Buchsuche. Mit diesem Viewer ist das Durchsuchen der eingescannten Texte über die Häufigkeit und Dichte von Wörtern möglich.

### 2.2.6 Internetquellen

Neben den klassischen Medien wie Büchern oder Zeitschriften sind Internetquellen für Ihr Studium unentbehrlich. In den Naturwissenschaften, der Mathematik und Informatik machen digitale Angebote inzwischen den Hauptteil der Informationsquellen aus. Geisteswissenschaftler wie Politikwissenschaftlerinnen und Politikwissenschaftler arbeiten dagegen mit gedruckten und elektronischen Medien gleichermaßen und nehmen damit in Kauf, was im Fachjargon der Bibliotheks- und Informationswissenschaftler „Medienbruch" heißt: das Blättern in Büchern einerseits und die Suche im *World Wide Web* andererseits.

Die vermeintlich mühelose Beschaffung von Information im stets zugänglichen Internet lässt schnell vergessen, wie leicht eine zentrale Quelle angesichts des riesigen Informationsangebotes übersehen werden kann. Zudem ist vielen Internetnutzern nicht bewusst, dass sie einen großen Teil von Informationen überhaupt nicht zu Gesicht bekommen, wenn sie über eine gängige Suchmaschine wie *Google* nach Informationen suchen. Warum dies so ist, erfahren Sie im Kapitel über Suchmaschinen (→ 4.6 Suchmaschinen). Deshalb gilt es, die Suche gut vorzubereiten. Verlieren Sie sich nicht voreilig in den Weiten des WWW, überlegen Sie vielmehr, mit welchem Informationsmittel Sie gezielt die Dokumente finden, die für Ihre Zwecke geeignet sind (→ 4 Informationsmittel).

**Exkurs: Das Internet**

„Guck doch mal im Internet!" Wird vom Internet geredet, ist gewöhnlich das *World Wide Web* gemeint. Die Gleichsetzung von Internet und WWW ist jedoch ungenau, weil das *World Wide Web* tatsächlich nur ein Dienst des Internets neben anderen ist. Das Internet als „Netz der Netze" ist eine Infrastruktur aus unzähligen Computern, die als *Server* (Dienstanbieter) oder *Clients* (Dienstbenutzer) weltweit über Telefonleitungen oder per Funk miteinander kommunizieren.

**INFO**

*Clients* sind Programme oder *Personal Computer* (PCs), die Daten und Dienste von einem *Server* beziehen. *Client*-Anwendungen sind z.B. E-Mail-Programme und *Web-Browser*. *Server* sind Programme oder Rechner, die Online-Dienste wie das WWW oder die Vermittlung von E-Mails bereitstellen. Der *Browser* hat die Aufgabe, Webseiten auf dem Bildschirm darzustellen, die lokal auf dem Rechner gespeichert sind (C:dateien/index.html) oder extern auf einem *Server* liegen (www.adresse.de).

Computer sprechen verschiedene „Sprachen", die von sogenannten Protokollen „übersetzt" werden müssen, damit es mit der Kommunikation klappt. So werden Webseiten aus dem *World Wide Web* über das *Hyper Text Transfer Protocol* (http://) übermittelt, und für das Aufspielen von Dateien und Ordnern auf einen Server bzw. für deren Verwaltung wird das *File Transfer Protocol* (FTP) benötigt. Der elektronische Briefversand, der E-Mail-Dienst des Internets funktioniert über das *Simple Mail Transfer Protocol* (SMTP), das *Post Office Protocol 3* (POP3) und das *Internet Message Access Protocol* (IMAP). Neben diesen Internet-Diensten stehen weitere Dienste wie News, Chats und Foren, Telefonie, Radio und Fernsehen, die alle ein spezifisches Protokoll besitzen.

Jeder Dienst hat seinen eigenen Adressentypus. Wer im WWW recherchiert, trägt in seinem Browser eine sogenannte *Domain* ein, eine Adresse, die es weltweit nur einmal gibt und deshalb eindeutig einer Website zugeordnet werden kann. Wenn Sie http://*www.bundestag.de* in das Adressfeld eines Browsers (Firefox, Internet Explorer, Opera, Safari etc.) eintippen, steckt dahinter eine Zahlenkombination, die den Server des Bundestages anspricht, der Ihnen auf Ihren Befehl hin die angeforderte Website auf dem PC anzeigt. Nebenbei bemerkt: Streng genommen „gehen" Sie nicht auf eine Website, vielmehr „kommt" die Website zu Ihnen auf den Rechner.

Jede Seite im Internet hat ihre ganz eigene Adresse: die URL, aufgelöst *Uniform Resource Locator* und übersetzt der „einheitliche Quellen-Lokalisierer". Diese Internetadresse besteht aus mehreren Teilen, z.B.:

**http://www.bundesverfassungsgericht.de/entscheidungen.html**

- **http://** ist das Übertragungsprotokoll für Hypertext-Dokumente; fehlt das Protokoll, ergänzt der Browser dieses automatisch, d.h. Sie brauchen es nicht unbedingt eingeben. **https://** ist eine Variante für die sichere Datenübertragung.
- **www.** steht für den Internetdienst *World Wide Web*; das dreifache w kann mitunter weggelassen werden, wenn auf dem Server die *Domain* mit und ohne www eingetragen wurde.
- **www.bundesverfassungsgericht.de** ist der Servername. Dieser ist manchmal noch einmal unterteilt in *SubDomains*: *Third-Level-Domain* (2. *Domain*) und *Second-Level-Domain* (1. *Domain*), wobei die Wertigkeit der *Domain* von rechts nach links fällt und durch einen Punkt getrennt ist: Bei der Adresse **http://www.ub.uni-hamburg.de/** ist **www.ub.** die *SubDomain*, **uni-hamburg.de** die *Domain*.
- **.de**, **.com** oder **.org** etc. sind die *Top-Level-Domain*s, dabei handelt es sich um Kürzel nach Ländern oder Themen.
- **/entscheidungen.html** gibt den Verzeichnispfad an, also den Ort der Seite auf dem Server, abgetrennt durch einen Schrägstrich. Was den Dateinamen betrifft, so heißt die *Homepage*, also die Startseite einer *Website*, standardmäßig **index.html** (http://www.bundesverfassungsgericht.de/index.html).

Die URL wird direkt im Browserfenster eingegeben. Einschränken können Sie die Suche über die Bestandteile der URL, auf die jeweilige Startseite gelangen Sie über das Kürzen der URL von rechts nach links bis auf das Kürzel (www.bundesverfassungsgericht.de). Über das Suchfeld einer Suchmaschine gelangen Sie übrigens mit einem vorangesetzten „*site*:" (**site:**bundesverfassungsgericht.de) ausschließlich auf sämtliche Seiten der ausgewählten *Website* (Bundesverfassungsgericht).

**INFO**

Weil sich die Teile der Internetadresse einer bestimmten Quelle jederzeit ändern können, müssen Sie in der Quellenangabe stets auch das Datum des Aufrufs der Seite, auf die Sie sich beziehen, angeben.

### 2.2.7 Web 2.0

Facebook, Twitter, YouTube, StudiVZ: Das „Web 2.0" – der Begriff wurde 2005 von Tim O'Reilly geprägt – ist ein „Mitmach-Netz", in dem der Nutzer gleichzeitig auch Anbieter von Texten, Fotografien und anderen Medienformen ist. Dieses Netz wird getragen von *sozialer Software* oder englisch: *social software;* „sozial" deshalb, weil diese spezifische Software eine nie zuvor dagewesene interaktive Vernetzung erlaubt und damit die Nutzung des Internets grundlegend verändert hat. Damit ist das Web 2.0 jedoch keine Neuauflage des *World Wide Web*, wie wir es von Softwareversionen kennen, sondern eine ganz im Zeichen des Dialogs stehende, parallele virtuelle Welt zu der „Einspunktnull"-Welt der Websites mit ihren zentral gesammelten Informationsangeboten und ihrer einseitigen Kommunikation.

Typisch für das interaktive „Zweipunktnull"-Web sind die automatischen Aktualisierungen in Echtzeit und die Möglichkeit der Nutzer, die Arbeit anderer bequem und zeitnah zu verfolgen sowie kooperative Projekte zu entwickeln. Viele der Anwendungen des sozialen Netzes sind frei verfügbar und einfach zu handhaben. Nach bestimmten Inhalten gesucht werden kann über sogenannte *Tagclouds*, das sind Wolken, die aus frei vergebenen Schlagworten bestehen (→ 6.2.3 Tags).

Zum Web 2.0 gehören Wikis, Weblogs, RSS-Feeds, Podcasts, soziale *Bookmark*-Sammlungen, Fotocommunities, Musik-, Video- und Filmportale, Foren und Mailinglisten. Typische Kennzeichen des Web 2.0 sind:

- das *social cataloging* oder *tagging*, mit dem der Benutzer einen Blogeintrag, soziale Lesezeichen oder ein Foto mit einem Schlagwort etikettiert,
- *Bookmarks* (auch Sniplets oder Lesezeichen genannt), die es erlauben, automatisiert eine Reihe von Informationen inklusive Textteilen aus anderen Websites abzufragen,
- RSS-News-Abonnements, die Ihnen Änderungen einer Website mittels eines *Feedreaders* frei Haus liefern,
- *Mashups*, durch die sich Informationen aus verschiedenen Quellen mischen lassen.

Der Gebrauchswert dieser verschiedenen Funktionalitäten des Web 2.0 ist für die wissenschaftliche Arbeit unterschiedlich einzuschätzen. Sinnvoll angewendet können sie der Informationsgewinnung und -verbreitung durchaus dienlich sein. Dennoch ist Vorsicht geboten: So sind z.B. nicht alle Wikis wissenschaftlich verwertbar, nicht alle Blog-Beiträge fundiert, aktuell und objektiv; manchmal sind sie einseitig, aussageleer oder schlicht falsch. Auch die Ablenkungsgefahr ist groß: Wer überall mitmischt, übertrieben Lesezeichen setzt und alles abonniert, was ihm irgendwie interessant erscheint, der verliert schnell das Wesentliche aus dem Blick. Aber sehen wir uns einige dieser Web 2.0-Anwendungen ein bisschen näher an:

**Wikis**

Bei dem Wort *Wiki* denkt jeder prompt an *Wikipedia*. Kein Wunder, diese weltweit bekannte und umfangreichste freie Online-Enzyklopädie ist heute *das* Wiki schlechthin. „Wiki" ist hawaiisch und heißt „schnell". Es handelt sich dabei um ein schlichtes Content-Management-System mit offenem Zugang, das Benutzern erlaubt, gemeinschaftlich Webseiten zu gestalten und zu bearbeiten. So können Studierende und Wissenschaftler Wikis nutzen, um ihr Fachwissen zu einem Projekt oder Thema zentral zusammenzutragen und anderen zur freien Verfügung zu stellen.

**Social Bookmarking**

Ähnlich hilfreich wie Wikis können *Social Bookmarking*-Plattformen sein, auf denen Lesezeichen (Links oder Publikationsverweise) gemeinschaftlich gesammelt, verschlagwortet („getaggt") und verwaltet werden. Über integrierte Suchfunktionen stehen die Lesezeichenkollektionen allen Nutzern zur Verfügung. Beispiele von *Bookmark*-Sammlungen sind *Mister Wong* (http://www.mister-wong.de/), *Bibsonomy* (http://www.bibsonomy.org/) oder *Delicious* (http://www.delicious.com/).

**Weblogs**

Das Weblog (auch: der Weblog oder Blog) ist ein inzwischen häufig angebotener Bestandteil von Websites oder ein eigenständiges Format und wird mitunter als eine Art Tagebuch umschrieben. Dies greift jedoch nicht weit genug, da Blogs über persönliche Belange hinausgehen und das Themenspektrum umfassender ist. Vergleichbar sind beide insofern, als täglich eine Aktualisierung stattfindet und die Beiträge mit dem Datum versehen sind. Treffender ist der Vergleich mit dem klassischen Logbuch, das Aufzeichnungen der täglichen Vorkommnisse und Gegebenheiten auf See oder in der Medizin enthält. Und in der Tat setzt sich *Weblog* zusammen aus Web für das *World Wide Web* und *Log* für Logbuch. Der Zweck ist jedoch jeweils ein anderer: Während das Logbuch als Beweismittel dient, will der Blog Neuigkeiten kommunizieren, Wissen austauschen, Kontakte knüpfen, Persönliches mitteilen. In prinzipiell endlosen Listen finden Sie in Blogs Meinungen, Kommentare, Berichte oder Tipps von Nutzern, in ihrer Funktion hier *Blogger* genannt. Geordnet sind die Inhalte nach Datum – das aktuelle zuoberst –, nach Kategorie und Schlagwörtern, den Tags, mittels derer Blogs auch mit anderen verknüpft werden.

**TIPP**

Bleiben Sie bei der Auswertung von Blogbeiträgen kritisch und vergessen Sie nicht, dass es sich dabei oftmals um Meinungen, Absichten, Schnellschüsse oder unbestätigte Informationen handelt, also nicht unbedingt um Tatsachen. Eine Kontrolle durch die Blogger-Gemeinde ist zwar vorhanden, aber eben nur „mehr oder weniger", je nach Blog. Und schließlich: Bei allen Vorteilen und nützlichen Eigenschaften von Blogs sollten Sie nicht unnötig lange in ihnen hängenbleiben, denn das kann ganz schnell sehr viel Zeit fressen.

Es gibt inzwischen Blogs, die News-Tickern Konkurrenz machen, so aktuell sind die Informationen, deren Kommentare und Diskussionsbeiträge. Neben vorrangig tagespolitisch ausgerichteten Blogs können Sie in ausgewiesenen politik- bzw. sozialwissenschaftlichen Blogs oft nützliche Hinweise auf Neuerscheinungen oder neue Datenbanken, manchmal auch Recherchetipps erhalten. Wie Wikis und *Bookmark*-Sammlungen flankieren auch Blogs zunehmend wissenschaftliche Betätigungen.

Spezielle Weblogs finden Sie in den Listen von Metablogs: *Research Blogs* bietet beispielsweise eine Sammlung von Blogs, die für wissenschaftliche Recherchen genutzt werden können. Zudem können Sie die Adressen folgender Auswahlliste befragen:

*Research Blogs*
http://jilltxt.net/txt/researchblogs.html
*Technorati*
http://technorati.com/
*Blog-Sucher*
http://www.blog-sucher.de/
*Trendiction*
http://www.trendiction.de/s/
*Edublogs*
http://ww.jplie.edublogs.org (Software)

Wenn Sie sich für Blogs interessieren, schauen Sie in eines der folgenden politisch oder politikwissenschaftlich interessanten Angebote hinein (Auswahl):

*ViFaPolBlog*
http://blog.vifapol.de
*Theorieblog.de*
http://www.theorieblog.de/
*Vergleichende Politikwissenschaft*
http://vergleichende-politikwissenschaft.de/
*Politik.de Blog*
http://blog.politik.de/
*zoon politicon*
http://www.zoonpoliticon.ch/blog/
*PolSci Zürich*

http://poliscizurich.wordpress.com/
*netzpolitik.org*
http://netzpolitik.org/
*e-politik.de/blog*
http://www.e-politik.de/blog/
*Dialog über Deutschlands Zukunft*
https://www.dialog-ueber-deutschland.de/
*Genderblog*
http://genderblog.de/
*LobbyControl*
http://www.lobbycontrol.de/blog/

**RSS-Feed**
Wenn Sie gerne im Internet unterwegs sind und oft benutzte Websites nicht mehr selbst auf ihre Aktualität prüfen wollen, können Sie sich diese Neuigkeiten per RSS-Feed oder Newsfeed abonnieren. Hinter dem Akronym RSS – aufgelöst: „*Really Simple Syndication*" – stecken XML-Dateien, die diese Neuigkeiten enthalten. Sogenannte *Feedreader* lesen in einem bestimmten Zeitabstand die Neuigkeiten der ausgewählten Website und leiten sie an den Abonnenten weiter. RSS-Feeds werden mit steigender Tendenz in zahlreichen Webauftritten angeboten, vor allem in Blogs und Nachrichtensites.

**TIPP**

*SciencePORT* ist ein „wissenschaftliches RSS Direcory" (http://www.scienceport.de), *eufeeds* ein RSS-Aggregator internationaler Pressemeldungen (http://www.eufeeds.eu/de). Sozialwissenschaftliche Themen-Feeds bietet das Fachportal *Sowiport* an (http://www.gesis.org/sowiport/themen/themen-feeds.html).

Schauen Sie auf den Seiten, die Sie oft benutzen, nach dem kleinen RSS- oder XML-Icon. Vorher müssen Sie allerdings einen *Feedreader* installieren, sofern Ihr Browser keinen integriert hat. Entscheiden Sie sich für einen Reader, der nicht nur Titel und den Link anzeigt, sondern zusätzlich mit einem beschreibenden Text (*Abstract*) bestückt ist. Dadurch ersparen Sie sich manchen Klick auf eine für Sie uninteressante Seite.

**Mailinglisten**

Mailinglisten, auch Newsgroups oder Mail-Diskussionsgruppen genannt, sind so etwas wie elektronische Rundbriefe, die dem regen Austausch von Informationen bzw. der Diskussion bestimmter Themen oder Fachgebiete dienen. Der Austausch zwischen den Forenmitgliedern erfolgt per E-Mail.

**INFO**

Bei offenen Mailinglisten können Sie sich als Teilnehmer einschreiben (subskribieren), bei geschlossenen Listen müssen Sie beim Administrator um Aufnahme bitten.

Eine kleine Auswahl für Politik- und Sozialwissenschaftler:

*Social Science Eastern Europe*
http://www.gesis.org/knowledgebase/index.html
*De.soc.politik.deutschland*
http://groups.google.com/group/de.soc.politik.deutschland/
*Talk.politics.theory*
http://www.faqs.org/faqs/by-newsgroup/talk/talk.politics.theory.html
*H-Net – Humanities and Social Science Online*
http://www.h-net.org/deutsch/lists/ (http://www.h-net.org/lists/)
*DFNLIST Listen für Wissenschaft und Forschung*
http://www.listserv.dfn.de/

Wenn Sie selbst nach politisch-gesellschaftlich orientierten Gruppen suchen wollen oder selbst eine Newsgroup ins Leben rufen möchten, bietet sich z.B. *Google Groups* dafür an (https://groups.google.com/?hl=de).

### 2.2.8 Audiovisuelle Medien

AV-Medien sind technische Kommunikationsmittel, die sicht- und hörbare Signale verwenden, ob nun analog oder digital. Eine feinere Differenzierung unterscheidet zwischen „auditiven Medien", also Tonträgern wie Tonband, Schallplatte, Kassette oder CD, und „visuellen Medien", also Bildträgern wie Dia, Transparentfolie oder Stummfilm. Unter „audiovisuellen Medien“ schließlich wird all das verstanden, was Bild und Ton kombiniert, wie Tonfilm, Video-CD oder DVD.

Möchten Sie für Ihre Arbeit auf AV-Medien zurückgreifen, können Sie in einigen Katalogen, Datenbanken oder Suchmaschinen Ihre Suche auf diesen Medientyp einschränken. Der Katalog der Deutschen Nationalbibliothek bietet beispielsweise eine Auswahl dieser Materialart an, andere Kataloge geben erst in der Trefferliste die Medienform an. Es existiert eine Reihe von Datenbanken oder Dokumentenservern, die digitale oder digitalisierte AV-Medien integrieren. Zudem existieren spezielle Suchmaschinen für AV-Medien (→ 4.6.8 Spezialsuchmaschinen).

### 2.2.9 Mikroformen

Inzwischen eine recht veraltete Publikationsform, aber immer noch nicht ganz von der Bildfläche verschwunden sind Mikroformen. Dazu zählen Mikrofilme, Mikrofiches und die kaum noch verwendeten Mikrokarten. Mit Hilfe dieser Mikroformen wurden vor dem Zeitalter der Digitalisierung gerne platzsparende Kopien von Quellen wie alten Büchern, Zeitungen oder Zeitschriften angeboten. Auch Dissertationen wurden als Mikroformen veröffentlicht. Praktisch waren sie zudem insofern, als die Kataloge verschiedener Einrichtungen ausgetauscht werden konnten. Die Verwendung von Mikroformen verlangt spezielle Lesegeräte. Obwohl viele Mikroformen inzwischen in digitaler Form existieren, wird in dem einen oder anderen Spezialfall doch noch auf das Original zurückgegriffen werden müssen.

### 2.2.10 Kartenwerke

Historisch interessierte und forschende Politikwissenschaftlerinnen und Politikwissenschaftler werden sich eventuell mit wechselnden Grenzen und Verwaltungseinheiten, früheren Verkehrswegen, veränderten Topografien oder mit Plänen von Städten und Gebäuden beschäftigen. Neben den klassischen gedruckten Atlanten oder einzelnen Blättern gibt es digitale Angebote, die teils sehr komfortable Suchmöglichkeiten bieten.

Eine Auswahl:

*Atlapedia online*
http://www.atlapedia.com/
*Kartenportal.CH*
http://www.kartenportal.ch/
*Historische Karten (Staats- und Universitätsbibliothek Bremen)*
http://www.gauss.suub.uni-bremen.de
*Open Directory Project*
http://www.dmoz.org/World/Deutsch/Wissen/Karten_und_Pläne/
*EG-Maps*
http://www.ieg-maps.uni-mainz.de
*Digitale Historische Karten*
http://www.dhm.lm.se/index.htm
*HGIS Germany (Hist.-geogr. Informationssystem der deutschen Staatenwelt 1820-1914)*
http://www.hgis-germany.de/
*IKAR – Altkartendatenbank/Landkartendrucke vor 1850*
http://ikar.sbb.spk-berlin.de/
*Map History/History of Cartography: the Gateway to the Subject*
http://www.maphistory.info/

# 3 Spezielle Quellen für die Politikwissenschaft



Studierende der Politikwissenschaft haben es häufig mit bestimmten Quellen wie Rechtsdokumenten oder Statistiken zu tun. Im Folgenden werden die Wege zu diesen wichtigen Informationen und Dokumenten gesondert aufgezeigt.

**TIPP**

Die *Bundeszentrale für politische Bildung* und ihre selbstständigen Ableger, die Landeszentralen für politische Bildung, bieten auf ihren Websites kostengünstig Bücher sowie elektronische Informationen zu politisch-gesellschaftlichen Themen an (http://www.bpb.de/).

## 3.1 Personen, Institutionen, Organisationen

Informationen zu Personen aus Politik und Gesellschaft finden Sie schnell und bequem in gedruckten oder elektronischen Nachschlagewerken.

**INFO**

Gedruckte (Personen-)Nachschlagewerke können Sie in der Bibliothek einsehen. Der *Munzinger Online/Personen* enthält Biografien wichtiger Persönlichkeiten aus Politik, Wirtschaft, Wissenschaft und Kultur (http://www.munzinger.de/). Schauen Sie im *Datenbank-Infosystem (DBIS)*, ob Ihre Bibliothek für den „*Munzinger*" eine Lizenz besitzt. Im Fachausschnitt „Politologie" finden Sie weitere biografische Datenbanken – ändern Sie dafür die Voreinstellung „alphabetisch" in „Datenbanktyp" und gehen Sie zu „Biografische Datenbanken" (http://rzblx10.uni-regensburg.de/dbinfo).

Bei der Erforschung eines politikwissenschaftlichen Gegenstandes lohnt der Blick auf die Seiten einschlägiger Webauftritte politischer, rechtlicher, sozialer oder wirtschaftlicher Institutionen sowie auf die Seiten wissenschaftlicher Forschungseinrichtungen. Sie erhalten dort Hinweise auf aktuelle Forschungsgegenstände mit näheren Informationen, daneben Links, Kontakte, Rezensionen, Termine etc. Schauen Sie sich auf den Websites der Bundesregierung, der Landesregierungen, der Europäischen Gemeinschaft um, suchen Sie nach Informationen auf den Seiten politischer Parteien, politischer und sozialer Verbände, engagierter Vereine sowie deutscher und internationaler Organisationen.

**INFO**

In der *Virtuellen Fachbibliothek Politikwissenschaft* (http://www.vifapol.de/) finden Sie bei „systematische Suche/Ressourcentypen" Links zu einschlägigen Institutionen, bei „Ressourcentypen/Individuelle Publikationen" stoßen Sie auf Links zu Arbeitspapieren, Preprints und Tagungsbeiträgen sowie bei „Ressourcentypen/Nachschlagewerke" auf „Verzeichnisse von Personen, Unternehmen und Institutionen".

Forschungsinstitute informieren über die eigene Arbeit und präsentieren Texte zu ihren Forschungsgegenständen in Form von *Working Papers* bzw. Preprints und bieten oft brauchbare thematische Linksammlungen. Ein erster Einstieg zu laufenden Forschungsprojekten können das *Forschungsportal* des Bundesministeriums für Bildung und Forschung, der *Research Explorer* vom Deutschen Akademischen Austauschdienst (DAAD) und der Deutschen Forschungsgemeinschaft (DFG) sowie die *Virtuelle Fachbibliothek Politikwissenschaft* (ViFaPol) sein. Interessant sind zudem die allgemeinen deutschen Berufsverbände *Deutsche Vereinigung für Politische Wissenschaft (DVPW)* mit ihren Sektionen oder auch die *Deutsche Gesellschaft für Politikwissenschaft (DGP)*. Speziellere Verbände oder Vereine sind z.B. die *Deutsche Gesellschaft für Auswärtige Politik (DGAP)*, die *Deutsche Gesellschaft für internationale Zusammenarbeit (GIZ)* oder die *Interessenvereinigung für Politikwissenschaftsstudierende (IPOSS)*. In der Linksammlung der *Virtuellen Fachbibliothek Politikwissenschaft* (*ViFaPol)* finden Sie internationale Berufsverbände gelistet.

**TIPP**

Bei der Suche in umfangreichen Websites ist es nützlich, die Sitemap aufzurufen, wenn es sie gibt; diese gibt Auskunft über die inhaltliche Struktur des Internetauftritts, so dass Sie auch Inhalte entdecken, die hierarchisch ein wenig tiefer versteckt sind.

Einige Adressen im Überblick:

*Forschungsportal*
http://www.forschungsportal.net/de/
*Research Explorer*
http://www.daad.de/deutschland/forschung/research-explorer/
*ViFaPol – Virtuelle Fachbibliothek Politikwissenschaft*
http://www.vifapol.de/
*DVPW – Deutsche Vereinigung für Politische Wissenschaft*
https://www.dvpw.de/
*DGP – Deutsche Gesellschaft für Politikwissenschaft*
http://www.dgfp.org/
*DGAP – Deutsche Gesellschaft für Auswärtige Politik*
https://dgap.org/de/
*GIZ – Deutsche Gesellschaft für internationale Zusammenarbeit*
http://www.giz.de/
*IPOSS – Interessenvereinigung für Politikwissenschaftsstudierende*
http://www.iposs.de/
*Forschungsprojekte von A-Z (Centrum für angewandte Politikforschung)*
http://www.cap-lmu.de/projekte/projekte_az.php

Bedenken Sie, dass es sich bei den Inhalten der Websites von Institutionen, Organisationen oder Verbänden immer um eine positive Selbstdarstellung handelt, da diese immer auch für sich werben. Daher ist auch hier Quellenkritik gefragt. Im Zweifelsfall machen Sie sich auf die Suche nach seriösen Websites von Dritten, die über die jeweilige Institution informieren oder entsprechende Links anbieten.

Amtliche Publikationen in- und ausländischer Organisationen finden Sie in der *Sammlung amtlicher Publikationen*, die Sie über *Parlamentaria* finden, eine Sammlung von Quellenmaterial zur Geschichte der Innen- und Außenpolitik, der Verfassung und Wirtschaft europäischer und außereuropäischer Staaten, dabei insbesondere Dokumente der Vereinten Nationen und der Europäischen Union (http://parlamentaria.staatsbibliothek-berlin.de/).

## 3.2 Rechtsdokumente

Gesetze, Verordnungen oder Verträge sind Primärquellen, die zunächst bei den entsprechenden Ursprungsinstitutionen veröffentlicht, gesammelt und zugänglich gemacht werden. Doch wie kommen Sie an diese Quellen heran?

Rechtsdokumente finden Sie in gedruckter Form im Lesesaal Ihrer (Fachbereichs- bzw. Instituts-)Bibliothek oder als elektronische Version in einschlägigen Rechtsdokumentsammlungen im Internet.

In gedruckter Form erscheinen Gesetze und Verordnungen zumeist sehr praktisch und vor allem kostengünstig als Loseblattsammlung, die es erlaubt, Ergänzungslieferungen einfach einzusortieren oder einzelne Blätter durch aktuelle Versionen auszutauschen. So werden beispielsweise der „*Schönfelder – Deutsche Gesetze*“ und der „*Sartorius – Verfassungs- und Verwaltungsgesetze*“ (Verlag C.H. Beck) sowie gerichtliche Entscheidungen und Gesetzeskommentare (auch) als Loseblattsammlung herausgegeben.

Rechtsquellen im Internet finden Sie relativ bequem. Die *Virtuelle Fachbibliothek Politikwissenschaft (ViFaPol)* führt Sie über den Weg „systematische Suche/Ressourcentypen/Individuelle Publikationen“ zu Gesetzes- und Vertragstexten und über den Weg „systematische Suche/ Friedensforschung“ zu Links auf Dokumente zum Internationalen Recht (http://www.vifapol.de/).

Weitere Fundorte von Rechtsquellen (Auswahl):

*Bundesgerichtshof*
http://www.bundesgerichtshof.de/
*Bundesverfassungsgericht*
http://www.bundesverfassungsgericht.de/
*Die Bundesregierung*
http://www.bundesregierung.de
*Gesetze im Internet*
http://www.gesetze-im-internet.de/

*Parlamentsspiegel*
http://www.parlamentsspiegel.de/ps/suche/index.jsp
*EUR-Lex*
http://eur-lex.europa.eu/
*ViFa Recht – Virtuelle Fachbibliothek Recht*
http://www.vifa-recht.de/
*ViFaPol – Virtuelle Fachbibliothek Politikwissenschaft*
http://www.vifapol.de/
*De Jure*
http://dejure.org/
*VILP – Viadrina International Law Project/völkerrechtliche Verträge*
http://www.vilp.de

**INFO**

Gesetzes- und Verordnungstexte im Internet gelten nicht als amtliche Fassung, da sie dort manipuliert werden können. Die gültige Fassung der deutschen Gesetze steht im gedruckten *Bundesgesetzblatt (BGBL)*, das Hochschulbibliotheken in der Regel im Präsenzbestand vorhalten.

## 3.3 Statistiken

Statistiken, teils ergänzt mit einem Kommentar oder einer Interpretation, finden Sie in gedruckten statistischen Jahrbüchern oder auf den Websites der Körperschaften des Bundes, der Länder und Kommunen, auf den Seiten von Parteien, Verbänden, Behörden, Kultur- und Forschungseinrichtungen oder den Sites von speziellen Interessengruppen aus Politik, Kultur und Wirtschaft.

**TIPP**

Bedenken Sie, dass Statistiken oft interessengeleitet sind, so dass Ihr quellenkritisches Gespür gefordert ist.

Auf der Suche nach statistischem Material helfen neben Bibliothekskatalogen auch Fachportale wie das *Statistikportal* oder andere Faktendatenbanken weiter. Den aktuellen *Datenreport* können Sie sich kostenlos herunterladen oder bei der *Bundeszentrale für politische Bildung* bestellen (Adresse siehe Liste unten). Dieser Report bietet neben statistischen Daten auch sozialwissenschaftliche Analysen zur gesellschaftlichen Entwicklung in Deutschland.

**INFO**

Faktendatenbanken finden Sie im Fachausschnitt „Politologie" des *Datenbank-Infosystems (DBIS)*; wählen Sie dafür die Sortierung „Datenbanktyp" und gehen Sie auf „Faktendatenbank" (http://rzblx10.uni-regensburg.de/dbinfo). Über die „systematische Suche/Ressourcentypen/Nachschlagewerke" der *Virtuellen Fachbibliothek Politikwissenschaft (ViFaPol)* gelangen Sie ebenfalls auf „Datensammlungen und Statistiken" sowie „Länderinformationen" (http://www.vifapol.de/).

Weitere Adressen, unter denen Sie statistisches Material offeriert bekommen (Auswahl):

*Statistik-Portal – Statistische Ämter des Bundes und der Länder*
http://www.statistikportal.de/Statistik-Portal/
*Bundeszentrale für politische Bildung*
http://www.bpb.de/publikationen/GAKC8E,0,Datenreport_2011.html
*Statistisches Bundesamt Deutschland*
http://www.destatis.de/jetspeed/portal/cms/
*Statista*
http://de.statista.org
*Eurostat*
http://epp.eurostat.ec.europa.eu/
*GeoHive (Population Statistics)*
http://www.geohive.com/
*NationMaster (Words Statistics)*
http://www.nationmaster.com/index.php
*ViFaPol – Virtuelle Fachbibliothek Politikwissenschaft*
http://www.vifapol.de/systematik/res/3/040/
*CIA The World Factbook*
https://www.cia.gov/library/publications/the-world-factbook/

## 3.4 Teilgebiete und Methoden der Politikwissenschaft

Einen fundierten Einblick in politikwissenschaftliche Teilbereiche und sozialwissenschaftliche Methoden geben Ihnen zunächst gedruckte Einführungen in das Studienfach oder Bücher, die sich speziell mit Methoden oder einem einzelnen Teilbereich beschäftigen, beispielsweise mit internationaler Politik oder mit Staatsphilosophie (→ 2.2.1 Nachschlagewerke und Lehrbücher). Diese Lehrbücher finden Sie im Lesesaal und in der Lehrbuchsammlung der Bibliothek. Befassen Sie sich auch mit Zeitschriften, die thematisch ausgerichtet sind (→ 2.2.3 Fachzeitschriften). Literatur zu einzelnen Politikfeldern wie Umwelt-, Familien- oder Energiepolitik können Sie über eine gedruckte Bibliografie, den Bibliothekskatalog, über eine Suchmaschine oder eine Datenbank recherchieren.

**INFO**

Die *Virtuelle Fachbibliothek Politikwissenschaft (ViFaPol)* führt über die „systematische Suche" zu ausgewählten Internetquellen, die alle Teilbereiche der Politikwissenschaft, einzelne Politikfelder sowie die Methodik abdecken. Informationen zu einzelnen Politikfeldern hält auch das Portal *Politische Bildung* vor (http://www.politische-bildung.de/politikfelder.html), und die *Vergleichende Politikwissenschaft*, die sich an Studienanfänger wendet, beschäftigt sich mit dem nämlichem Thema (http://www.vergleichende-politikwissenschaft.de). Nach politikwissenschaftlichen Teildisziplinen kann die Volltextdatenbank *International Encyclopedia of Political Science* durchstöbert werden (lizenziert, zugänglich über das *Datenbank-Infosystem* (*DBIS*) unter http://rzblx10.uni-regensburg.de/dbinfo). In *First3.0* können Sie *Facts on International Relations and Security Trends* suchen (http://first.sipri.org).

# 4 Wo suche ich? Informationsmittel



Informationsmittel sind Sammlungen von Dokumenten, die über ein wie auch immer geartetes Suchsystem auffindbar sind. Es gibt sie als Buch, als Ensemble von Katalogkarten sowie in Form von Datenbanken, Linkverzeichnissen, Portalen und Suchmaschinen. Die Kollektionen sind mehr oder weniger umfangreich, sie sind interdisziplinär, themen- oder fachspezifisch, bestandsfixiert oder bestandsunabhängig.

Wegen der Verschiedenartigkeit der Informationsmittel ist es nützlich, zu wissen, für welche wissenschaftliche Fragestellung sich welches Mittel am besten eignet. Erklären Sie daher nie ein Informationsmittel als *das* Mittel für die Suche schlechthin. Befassen Sie sich mit der jeweiligen Art und Leistung eines Informationsmittels, mit dem spezifischen Inhalt und dessen Aufbereitung: Je besser Sie orientiert sind, desto passender wird Ihre Suche nach der gewünschten Literatur sein. Anfangs ist es vielleicht nicht ganz leicht, das richtige Informationsmittel herauszufinden. Aber mit ein bisschen Know-how und Erfahrung wissen Sie bald, welches Informationsmittel Sie wann ansteuern. Die Frage, um die es in diesem Kapitel geht, lautet also: Wo suche/finde ich was?

## 4.1 Bibliothekskataloge



Kataloge verzeichnen tatsächliche und virtuelle Bibliotheksbestände, vor allem Bücher. Führte der Sucheinstieg für die Bibliotheksbenutzer noch bis weit in die zweite Hälfte des 20. Jahrhunderts über den alphabetischen Katalog (Autor/Titel), den systematischen Katalog (Schlagwort) und den Standortkatalog (Buchaufstellung), haben sich die Suchmöglichkeiten mit dem *OPAC*, dem *Online Public Access Catalogue*, erheblich erweitert. Heute können Sie sämtliche bibliografische Angaben für die Suche nutzen und miteinander kombinieren.

### 4.1.1 Exkurs: Vom Band- zum Imagekatalog

Die Geschichte der Verzeichnung von Bibliotheksbeständen reicht vom Buch (Katalog) über Karteikarten und deren Verfilmung bzw. Digitalisierung bis hin zu den elektronischen Verzeichnissen. Es folgt ein kleiner Exkurs:

**Der Bandkatalog**
Vorläufer der Zettelkataloge waren die mittelalterlichen Bandkataloge. Das waren Bücher, in denen nach bestimmten Regeln komplette Bibliotheksbestände verzeichnet wurden. Ein Beispiel hierfür ist das – gescheiterte – deutsche Jahrhundertprojekt, der *Preußische bzw. Deutsche Gesamtkatalog*. In Ermangelung einer deutschen Nationalbibliothek sollte in ihm der komplette Bestand deutscher Publikationen nachgewiesen werden. 1884 ist der Katalog begonnen, 1979 bei Buchstabe B eingestellt worden. In den Bandkatalogen konnten naturgemäß nur sehr begrenzt Neuzugänge an den jeweiligen Systemstellen eingeordnet werden. Dafür waren sie eindeutig handlicher als die nachfolgenden Zettelkataloge. Vor allem aber waren sie beweglich.

**Der Zettelkatalog**
Im Jahr 1780 tauchte der erste Zettelkatalog an der Wiener Hofbibliothek auf, der lediglich als Zwischenablage für den Bandkatalog gedacht war. Bis zum Ende des 19. Jahrhunderts setzte er sich flächendeckend in den Bibliotheken durch. Statt in Büchern war der jeweilige Bibliotheksbestand nun auf Karteikärtchen verzeichnet, die sich in kleinen Holzschubladen befanden. Die losen Karten erlaubten jetzt zwar das unbegrenzte Einsortieren von Neuzugängen, aber der Katalog war nun zum platzbeanspruchenden Möbelstück geworden.

Obwohl der Online-Katalog die alten Zettelkataloge inzwischen weitgehend abgelöst hat, sind die kleinen Kärtchen noch immer nützlich, da sowohl die Retrokatalogisierung, also die Einspeisung der Zetteldaten in die Onlinekataloge, als auch die Digitalisierung der Kärtchen noch nicht abgeschlossen ist. Gerade bei der Suche nach älteren Publikationen lohnt der Blick in den Holz- oder Plastikkasten. Beachten Sie dabei die dort übliche Unterscheidung zwischen dem alphabetischen und dem systematischen Katalog.

**Der Mikrokatalog**

Vor dem Aufkommen der digitalen Kataloge wurden die Zettelkataloge zunächst verfilmt. Die sogenannten Mikrokataloge zeigen stark verkleinerte Abbildungen der gedruckten Katalogkarten auf Film, die nur mithilfe eines speziellen Lesegerätes gesichtet werden können. Der Vorteil dieser Mikrofiches: Sie sind leicht zu transportieren und beanspruchen wenig Platz; außerdem bieten sie die Möglichkeit, auf die Daten außerhalb der Bibliothek zuzugreifen. Der Nachteil: Die Filme sind nur kurzzeitig aktuell, da natürlich keine Neuzugänge integriert werden können. Supplemente müssen daher erstellt oder der Katalog muss in bestimmen zeitlichen Abständen neu verfilmt werden.

**Der Imagekatalog**

Viele Universitätsbibliotheken haben ihre alten Zettelkataloge inzwischen digitalisiert, d.h. eingescannt und als Bild abgespeichert. Damit sind sie über Sonderkataloge verfügbar und können durchsucht werden. Abgeschlossen ist die Digitalisierung noch längst nicht, weshalb Sie gegebenenfalls wieder auf Mikrofiches oder den guten alten Zettelkatalog zurückgreifen müssen. Überhaupt ist die Digitalisierung der Karteikärtchen reiner Behelf, denn irgendwann werden auch die letzten „verkarteten" Dokumente in die Online-Bibliothekskataloge eingepflegt sein.

### 4.1.2 Onlinekataloge

Der Online-Katalog hat die klassische Trennung von alphabetischem und systematischem Katalog aufgehoben: Mittels kombinierter Suchkriterien können Sie in ihm sowohl alle Schriften eines Verfassers als auch Literatur zu einem bestimmten Thema recherchieren.

**INFO**

Bibliothekskataloge sind nicht allein dadurch begrenzt, dass sie einen realen Bestand verzeichnen; Grenzen gibt es zudem bezüglich der Fachgebiete oder Fächerschwerpunkte sowie auch des Zeitraums, der bis dato (retro-)katalogisiert ist.

**Der Bibliothekskatalog**

Der sogenannte *OPAC*, aufgelöst: *Online Public Access Catalogue*, weist den Bestand einer oder mehrerer Bibliotheken nach und ist über die Websites der Bibliotheken erreichbar. Ganz klassisch enthalten diese Kataloge bibliografische Daten, also Titeldaten von Büchern, Zeitschriften und anderen Medien sowie Vormerkungs- oder Bestellmöglichkeiten. Im Bibliothekskatalog können Sie nachsehen, ob ein bestimmtes Medium vorhanden ist, welche Signatur es hat, wo es steht und wie Sie es bekommen können. Was Sie in der Regel im OPAC nicht finden werden, sind Zeitschriftenaufsätze, Beiträge aus Sammelbänden oder Websites; diese müssen Sie über Verzeichnisse wie Bibliografien, Aufsatzdatenbanken oder Suchmaschinen ermitteln. Allerdings ist es sicher nur eine Frage der Zeit, wann auch Aufsätze, Grafiken, Links zu Volltexten oder zum Online-Buchhandel etc. generell in die Bibliothekskataloge aufgenommen werden; vereinzelt findet bereits eine solche „Anreicherung" statt, z.B. mit Zeitschrifteninhaltsverzeichnissen oder Buchcoverabbildungen.

Neben dem Katalog der Bibliothek vor Ort können Studierende der Politikwissenschaft auch in folgenden Katalogen Material recherchieren (Auswahl):

*Max-Planck-Institut für Gesellschaftsforschung*
http://www.mpifg.de/bib/bib_de.asp
*Deutsches Institut für Menschenrechte*
http://vzopc4.gbv.de:8080/DB=22/LNG=DU/
*Hessische Stiftung Friedens- und Konfliktforschung*
http://www.hsfk.de/Bibliothek.7.0.html
*Friedrich-Ebert-Stiftung*
http://library.fes.de/library/index_gr.html

**Regionale Verbundkataloge**
Verbundkataloge fassen zentrale Bibliotheksbestände einer definierten Region zusammen und werden kooperativ erschlossen. In Deutschland gibt es folgende Verbünde:

- *GBV – Gemeinsamer Bibliotheksverbund mehrerer norddeutscher Bundesländer*
- *HBZ – Hochschulbibliothekszentrum des Landes NRW*
- *SWB – Südwestdeutscher Bibliotheksverbund*
- *BVB – Bibliotheksverbund Bayern*
- *KOBV – Kooperativer Bibliotheksverbund Berlin-Brandenburg*
- *HEBIS – Hessisches BibliotheksInformationsSystem*
- *B3Kat* – Zusammenschluss der Verbünde *BVB* und *KOBV*

**TIPP**

Übergreifend abfragen können Sie die deutschen Verbundkataloge über den *Karlsruher Virtuellen Katalog (KVK) oder über den ZACK Gateway* (http://www.ubka.uni-karlsruhe.de/kvk.html / http://opus-tu-bs.de/zack/).

**Nationalkatalog**
Bedingt durch den Verlauf der deutschen Geschichte ist die Einrichtung namens „Deutsche Nationalbibliothek“ (ehemals Deutsche Bibliothek) vergleichsweise jung; sie ist das Ergebnis des nach der deutschen „Wende“ vollzogenen Zusammenschlusses der Deutschen Bücherei (gegründet 1912 in Leipzig), der Deutschen Bibliothek (gegründet 1946 in Frankfurt) und des Deutschen Musikarchivs (gegründet 1970 in Berlin, seit 2010 mit Sitz in Leipzig). Seit 1912, also seit hundert Jahren, erfüllt die Institution als größte deutsche Universalbibliothek ihre nationalbibliothekarischen Aufgaben (http://www.dnb.de).

Die Deutsche Nationalbibliothek hat den Auftrag,

- alle in Deutschland publizierten Werke,
- im Ausland veröffentlichte deutschsprachige Werke,
- im Ausland veröffentlichte Übersetzungen deutschsprachiger Werke in andere Sprachen,

- im Ausland erschienene fremdsprachige Publikationen über Deutschland (Germanica) sowie
- alle zwischen 1933 und 1945 von deutschsprachigen Emigranten verfassten oder veröffentlichten Druckwerke

zu sammeln, in ihrem Katalog zu verzeichnen, dauerhaft zu archivieren und öffentlich zugänglich zu machen. Die Deutsche Nationalbibliothek sammelt Veröffentlichungen ab 1913 in Papierform, Mikroformen, Tonträger, Werke auf elektronischen Datenträgern sowie Netzpublikationen.

### 4.1.3 Metakataloge

Ein Metakatalog ist sozusagen ein „Dachkatalog", unter dem sich mehrere Kataloge versammeln, die gleichzeitig durchsuchen werden, sobald Sie Ihre Anfrage in das einfache Suchfeld oder in die Felder der erweiterten Suche auf der Suchmaske des Metakatalogs getippt und damit die Suche angestoßen haben.

Der *Karlsruher Virtuelle Katalog (KVK)* ist solch ein Metakatalog (http://www.ubka.uni-karlsruhe.de/kvk.html). In ihm können Sie über eine angenehm übersichtliche Oberfläche deutschland-, europa- und weltweit nach gedruckter Literatur, elektronischen Volltexten oder Buchhandelsangeboten fahnden. Über den *KVK* erfahren Sie, welches Medium in welcher Bibliothek vorhanden ist und wie Sie es beschaffen können. Beachten Sie aber, dass nur in Feldern gesucht werden kann, die im Originalkatalog auch ausgefüllt worden sind; so kommt es vor, dass in manchen Katalogen z.B. das Schlagwortfeld leer ist, sodass dieser Datensatz im Metakatalog nur über andere Feldanfragen wie Titel- oder Verfasserfeld gefunden werden kann.

**TIPP**

Über den *KVK* können Sie nicht nur weltweit nach Literatur suchen, sondern auch prima Online-Antiquariate parallel abfragen, wenn Sie ein vergriffenes oder gebrauchtes Buch kaufen wollen.

Auch die *Digitale Bibliothek NRW, die DigiBib,* durchsucht über eine einheitliche Oberfläche verschiedene Bibliothekskataloge sowie Literaturdatenbanken aus aller Welt und informiert Sie mittels der „Verfügbarkeitsrecherche“, wo und wie das Gesuchte beschafft werden kann (→ 7 Literatur beschaffen). Der Zugriff auf die Inhalte ist allerdings nicht durchgängig frei. Schauen Sie, ob Ihre Bibliothek „teilnehmende Bibliothek“ ist; dann können Sie in der *DigiBib* recherchieren und auch auf lizenzierte Medien zugreifen (http://www.digibib.net/Digibib).

**INFO**

Überregional bzw. weltweit nach Literatur suchen können Sie auch mit *ZACK Gateway* (http://opus.tu-bs.de/zack/) und dem *WorldCat* (http://www.worldcat.org/).

## 4.2 Bibliografien

Um Ihren politikwissenschaftlichen Gegenstand für die Haus- oder Examensarbeit systematisch zu recherchieren, benötigen Sie Bibliografien. Das sind gedruckte oder elektronisch gespeicherte Verzeichnisse, die Literatur geordnet nach formalen und inhaltlichen Kriterien bündeln. Manche dieser Verzeichnisse berücksichtigen nur Monografien oder Zeitschriftenaufsätze, andere versammeln Literatur zu einem definierten Thema ganz unabhängig vom Publikationstyp, was bedeutet, dass Sie dort gleichermaßen Monografien, Zeitschriften, Aufsätze etc. finden.

**INFO**

Gedruckte Bibliografien sowie Verzeichnisse auf CD-ROM und DVD gehören zum Präsenzbestand einer Bibliothek, Sie können sie also nur im Lesesaal einsehen. Zu finden sind sie über den Bibliothekskatalog, Sie können aber auch das Bibliothekspersonal fragen, wo die Verzeichnisse einzusehen sind.

Die verzeichneten Bücher, Zeitschriftenaufsätze und Beiträge aus Sammelbänden sind zumeist mit Schlagworten versehen und in der Regel auch annotiert, d.h., die Einträge sind mit einer kurzen Charakteristik des jeweiligen Inhaltes ausgestattet. Diese sachliche Erschließung hilft zu entscheiden, welche Literatur wichtig für Ihr wissenschaftliches Projekt ist.

Zwar stehen die bibliografischen Datenbanken inzwischen eindeutig im Vordergrund bei der Literaturrecherche, wenn es jedoch das Thema Ihrer Arbeit erfordert, greifen Sie unbedingt auch zu gedruckten Verzeichnissen, denn diese Druckwerke sind keinesfalls obsolet. Als Vorgänger der elektronischen Bibliografien decken sie häufig Zeiträume ab, die von den Datenbanken (noch) nicht erfasst sind (→ 4.3.1 Referenzdatenbanken). Sinnvoll sind die Druckwerke beispielsweise für die Ermittlung sehr spezieller älterer Literatur bei der Erforschung historischer Themen, oder für das Recherchieren dauerhaft gültiger Forschungsergebnisse, Daten und Fakten.

**INFO**

Es gibt abgeschlossene und laufende Bibliografien. Achten Sie daher auf den Berichtszeitraum der Bibliografie, also auf die Zeit, die inhaltlich von der gedruckten Bibliografie oder der bibliografischen Datenbank abgedeckt ist. Das ist wichtig, um die Vollständigkeit und Aktualität der Kollektion feststellen zu können.

Es gibt sehr unterschiedliche Arten von Bibliografien:

- **Allgemeinbibliografien** verzeichnen fachübergreifend Literatur: Nationalbibliografien weisen die gesamten Publikationen eines Landes oder eines Sprachgebietes nach, Formalbibliografien sind spezialisiert auf Publikationsformen wie Zeitschriftenaufsätze, Dissertationen, Kongressberichte, Amtsdrucksachen, Noten usw.
- **Regionalbibliografien** verzeichnen die gesamte Literatur einer ausgewiesenen Region,
- **Fachbibliografien** verzeichnen Publikationen eines Faches wie z.B. politikwissenschaftliche Dokumente,
- **Teilbereichsbibliografien** decken einen Ausschnitt eines Faches ab wie z.B. Internationale Beziehungen,
- **Themenbibliografien** weisen Literatur zu einem speziellen Thema nach, z.B. Dokumente zur deutschen Frauen- und Familienpolitik,
- **Bibliografien der Bibliografien** weisen selbst Bibliografien nach. Ein Klassiker ist der „Totok-Weitzel“, das *Handbuch der bibliographischen Nachschlagewerke* von Wilhelm Totok und Rolf Weitzel,

hrsg. von Hans-Jürgen Kernchen (6., völlig neu bearb. Aufl., Frankfurt am Main: Klostermann. Bd. 1: Allgemeinbibliographien und allgemeine Nachschlagewerke. 1984, Bd. 2: Fachbibliographien und fachbezogene Nachschlagewerke, 1985).

Wählen Sie Bibliografien nach folgenden Gesichtspunkten aus:

- Stimmt der fachliche/regionale/zeitliche Schwerpunkt?
- Ist die Berichtszeit geeignet bzw. aktuell genug?
- Sind nur Bücher verzeichnet oder auch Zeitschriftenaufsätze, Graue Literatur etc.?
- Umfasst das Verzeichnis nur deutschsprachige oder auch fremdsprachige Literatur?

Bibliografien verzeichnen ganz unabhängig von den Beständen der Bibliotheken Publikationen. Dies bedeutet, dass Sie möglicherweise die recherchierte Literatur nicht in Ihrer lokalen Bibliothek vorfinden und überregional suchen und ausleihen müssen. Leider sagt eine gedruckte Bibliografie auch nicht, wo Sie die Literatur bekommen können, welche Bibliothek oder Institution sie besitzt. Um dies herauszufinden, müssen Sie eine weitere Suche im Bibliothekskatalog oder einer Datenbank starten. Das ist bei den meisten bibliografischen Datenbanken komfortabler: Diese bieten eine sogenannte Verfügbarkeitsrecherche an, bei der Sie sehen können, welche Bibliothek das gefundene Dokument besitzt, oder sie erlauben über einen Link den unmittelbaren Zugriff auf einen Volltext, zum Beispiel einen Zeitschriftenartikel (→ 4.3.1 Referenzdatenbanken).

## 4.3 Datenbanken



Neben dem Bibliothekskatalog sind interdisziplinäre und fachspezifische Datenbanken unverzichtbar für die Suche nach politikwissenschaftlicher

Literatur. Sie stoßen dort auf bibliothekarisch erschlossene Dokumente, die Sie anderswo nicht unbedingt finden. Zunächst jedoch: Was ist eine Datenbank?

Wie der Bibliothekskatalog ist auch eine Datenbank eine Sammlung gespeicherter Daten, die in Tabellen strukturiert abgelegt und miteinander verknüpft sind und die mittels eines Suchsystems abgefragt werden können. Damit gestaltet sich die Recherche in Datenbanken ähnlich wie die Suche in Onlinekatalogen oder Suchmaschinen: Sie finden eine Suchmaske vor, die – unterschiedlich komfortable – Such-, Filter- und Sortiermöglichkeiten offeriert (→ 6.3 Suchwerkzeuge). Gespeichert werden Datenbanken auf Servern und sind über das Internet oder das Intranet verfügbar. Einige Datenbanken gibt es auch als CD-ROM oder DVD.

Anders als Bibliothekskataloge sammeln Fachdatenbanken bestandsunabhängig wissenschaftliche Dokumente zu explizit ausgewiesenen Themen oder Fächern. Zudem bieten sie außer Literaturnachweisen zumeist den Zugriff auf frei verfügbare Volltexte aus dem WWW, was der Online-Katalog gemeinhin nicht bietet, da er ein Bestandsnachweis reeller Medien an einem bestimmten Ort ist und Internetquellen in der Regel außen vor lässt. Dagegen weisen Datenbanken insbesondere elektronische Zeitschriftenaufsätze nach, die Sie im Bibliothekskatalog oder einer herkömmlichen Suchmaschine nicht finden, weil OPACs üblicherweise keine Aufsätze verzeichnen (→ 4.1.2 Onlinekataloge) und den allgemeinen Suchmaschinen die Inhalte des sogenannten *Deep Web* aus technischen Gründen verborgen bleiben (→ 4.6.7 Das *Deep Web*).

**INFO**

Fachdatenbanken finden Sie auf der Website einer Bibliothek meist unter einer gesonderten Rubrik wie „Elektronische Medien“, „E-Medien“ oder einfach „Datenbanken“.

Weil zahlreiche Datenbanken einer Zugriffsbeschränkung unterliegen, stellen Hochschulbibliotheken über das *Datenbank-Infosystem (DBIS)* die wichtigsten fachspezifischen Datenbanken, deren Lizenz sie erworben haben, innerhalb ihres Netzes oder über ein Login für Hochschulangehörige kostenlos zur Verfügung. Gelegentlich kann es sich für Sie lohnen, darüber hinaus nach weiteren Datenbanken Ausschau zu halten, die unter Umständen kostenpflichtig sind. Im Großen und Ganzen reichen jedoch die Datenbanken, die Ihre Universitätsbibliothek anbietet, für das Studium aus.

Das *Datenbank-Infosystem (DBIS)* verzeichnet eine große Menge von CD-ROM-, DVD- und Online-Datenbanken, die allgemein (Voreinstellung) oder nach Fächern sowie alphabetisch (Voreinstellung) oder nach Datenbanktyp sortiert sind. Sie können eine einfache Suche anstoßen, wenn Sie eine bestimmte Datenbank suchen, andernfalls empfehle ich Ihnen, die erweiterte Suche zu benutzen, die eine spezifizierte thematische Recherche über sämtliche Datenbanken ermöglicht (→ 6.3.2 Erweiterte Suche). Rufen Sie eine bestimmte Datenbank auf, erhalten Sie eine detaillierte Beschreibung der Datensammlung.

**INFO**

Politikwissenschaftliche Datenbanken finden Sie bei *DBIS* im Fachausschnitt „Politologie". Dort ist gekennzeichnet, welche Datenbanken im WWW frei verfügbar sind und auf welche der kostenpflichtigen Datenbanken Sie vom Campus aus freien Zugriff erhalten. Wenn Sie *DBIS* direkt im WWW ansteuern, können Sie sich in den Detailbeschreibungen der Datenbanken bei „Bibliothek(en) mit Bestandsnachweis" informieren, ob Sie von Ihrem Hochschulnetz aus freien Zugriff auf die Datenbank haben (http://rzblx10.uni-regensburg.de/dbinfo).

Neben *DBIS* gibt es andere Datenbank-Sammlungen. Beispielsweise können Sie in dem Portal *IREON* mittels zahlreicher Suchoptionen und wahlweise mit Unterstützung eines Thesaurus' einige (wenige) politikwissenschaftliche Datenbanken gleichzeitig durchsuchen (http:// www.ireon-portal.de).

**TIPP**

Im *Rechercheblog für Politikwissenschaft* der *ViFaPol* können Sie sich u.a. über neue Datenbanken informieren (http://blog.vifapol.de/).

Wissenschaftliche Datenbanken werden unterschieden in Referenzdatenbanken, Faktendatenbanken und Volltextdatenbanken. Diese Unterscheidung zu kennen ist deshalb wichtig, weil es beispielsweise wenig sinnvoll ist, nach einem Volltext in einer Datenbank zu suchen, die lediglich bibliografische Nachweise anbietet. Dennoch sind Datenbanken nicht immer homogen im Angebot; so finden Sie in Fachbibliografien (Referenzdatenbanken) mitunter auch einen Link zum Volltext.

**INFO**

Wie bei den gedruckten Bibliografien müssen Sie auch bei Datenbanken den jeweiligen Berichtszeitraum beachten. Lesen Sie grundsätzlich die Informationen zur Datenbank, die Sie benutzen, bevor Sie mit der Recherche beginnen, sonst fahnden Sie eventuell nach einer Quelle, die kein Teil der Dokumentensammlung ist, weil sie außerhalb des Berichtszeitraumes liegt. Zudem können Sie sich vergewissern, ob Sie die gewählte Datenbank vom Inhalt und der Sprache der Quellen her wirklich gebrauchen können.

### 4.3.1 Referenzdatenbanken

Wie gedruckte Bibliografien sammeln auch elektronische Fachbibliografien, auch als Literatur- oder Referenzdatenbanken bezeichnet, keine Texte, sondern weisen bibliografische Daten von Literatur nach: Verfasser, Herausgeber, Titel, Erscheinungsort, Erscheinungsjahr des Dokuments etc. Diese formalen Daten werden ergänzt mit Schlagwörtern und häufig auch mit Annotationen bzw. *Abstracts.*

Zu den Referenzdatenbanken zählen auch Zitationsverzeichnisse (*Citation Index*). Wenn Sie dort einen Fachzeitschriftenartikel recherchieren, erhalten Sie neben den bibliografischen Beschreibungen einerseits die Angabe, auf welche anderen Aufsätze dieser Artikel verwiesen hat, andererseits die Information, welche Aufsätze Ihren recherchierten Artikel zitiert haben. Der Begriff „Zitation“ bezieht sich also darauf, wie häufig eine Publikation zitiert bzw. gelesen und verwertet wird. Diese Verweisstruktur soll dazu dienen, wissenschaftlichen Beziehungsnetzen nachzuspüren und sie mittels Analysen zu bewerten.

**INFO**

Ende der 50er-Jahre entwickelte das *Institute for Scientific Information (ISI)*, Philadelphia, USA (Teil des Thomson Reuters-Konzerns), die Zitationsanalyse und erstellte hierfür den *Science Citation Index (SCI)*, der später mit dem *Social Sciences Citation Index (SSCI)*, dem *Arts and Humanities Citation Index (AHCI)*, dem *Conference Proceedings Citation Index (CPCI)* sowie dem *Book Citation Index (BCI)* – mit Schwerpunkt auf Sozial- und Geisteswissenschaften – ergänzt wurde. Die Verzeichnisse haben das Web *of Science* bzw. Web *of Knowledge* als gemeinsame Plattform (http://wokinfo.com/about/whatitis/). Andere Zitationsdatenbanken sind *Scopus* (http://www.scopus.com/), *Scirus* (http://www.scirus.com/), *CiteSeer* (http://citeseer.ist.psu.edu/) oder *Google Scholar* (http://scholar.google.de/).

**TIPP**

Viele Hochschulbibliotheken haben für das Web *of Science* einen Lizenzvertrag, der Ihnen vom Campus aus die Einsicht in die Verzeichnisse ermöglicht. Es gibt die Verzeichnisse übrigens auch in gedruckter und in Mikroform, die Sie über den Bibliotheks- oder die Verbundkataloge recherchieren können. Das Web *of Science* erreichen Sie über das *DBIS* (http://rzblx10.uni-regensburg.de/dbinfo).

Der Hintergrund des Ganzen: Literaturangaben und Fußnoten sind Teil der wissenschaftlichen Arbeit. Nun wird von der Prämisse ausgegangen, dass wichtige Literatur bzw. anerkannte Autoren häufiger zitiert werden als andere. Im Umkehrschluss heißt dies: Die Relevanz und die Reputation eines Autors steigen mit seiner „Zitierrate“ – was zu Manipulationen reizt. Die Beurteilung von Texten und damit auch die von Autoren über rein quantitative Werte ist daher umstritten. Sicherlich kann ein überaus häufig zitiertes Werk tatsächlich sehr wichtig sein oder Standardwerkcharakter besitzen, muss es aber nicht. Denn Autoren verweisen nicht nur fleißig auf eigene frühere Werke, sie bevorzugen häufig auch bestimmte andere Autoren; dann zitiert man sich gerne gegenseitig. Bei anderen Autoren dagegen kann dafür gesorgt werden, dass deren Zitierrate nicht unnötig steigt, indem sie in keiner Fußnote auftauchen. Auch das Alter eines Wissenschaftlers spielt eine Rolle; so wird ein wissenschaftlicher Neuling zunächst weniger zitiert oder vielleicht sogar übersehen, während auf einen altbekannten Verfasser stets aufs Neue verwiesen wird. Schließlich ist zu bedenken, dass nicht alle Fachzeitschriften in den Zitationsverzeichnissen vertreten sind, was die Auswertung von Zitationsstrukturen zusätzlich fragwürdig macht.

Warum können Zitationsverzeichnisse trotz dieser Vorbehalte für Sie interessant sein? Neben ihrer Funktion als Bibliografie können sie hilfreich sein, wenn Sie einen Zeitschriftenartikel suchen, der von jüngerem Datum ist als der, den Sie gefunden haben (→ 5.2 Schneeballsuche). Denn über die Quellenangaben wissenschaftlicher Texte ist es möglich, sowohl retrospektiv als auch prospektiv die Forschungsentwicklung zu verfolgen. Im einen Fall handelt es sich um Aufsätze, die ältere Aufsätze zitieren, im anderen Fall um Aufsätze, die von jüngeren Aufsätzen zitiert wurden. Darüber hinaus erlauben es Zitationsdatenbanken, thematisch verwandte Texte zu ermitteln oder wichtige Texte aus einem Überangebot herauszupicken.

### 4.3.2 Volltextdatenbanken

In Volltextdatenbanken erhalten Sie neben den bibliografischen Daten eines Dokumentes den kompletten Text zum Herunterladen. Über einen Link gelangen Sie vor allem zu Zeitschriftenaufsätzen, aber auch zu Zeitungsartikeln, Grauer Literatur und anderen Internetquellen, manchmal auch zum vollständigen Buch(-kapitel).

**INFO**

Volltextdatenbanken finden Sie im Fachausschnitt „Politologie" des *Datenbank-Infosystems (DBIS)* über die Datenbanktyp-Sortierung (http://rzblx10.uni-regensburg.de/dbinfo). Auch im *IREON*-Portal (http://www.ireon-portal.de/) sowie in der *Virtuellen Fachbibliothek Politikwissenschaft* (http://www.vifapol.de/) können Sie mehrere politikwissenschaftliche Fachdatenbanken nach Volltexten durchsuchen.

Beschränken Sie sich jedoch nicht auf Volltextdatenbanken, wenn Sie auf Texte direkt zugreifen möchten. Ergänzen Sie Ihre Suche nach Literatur mit dem Hinzuziehen von Referenzdatenbanken und Fachkatalogen, da diese mitunter ebenfalls auf Volltexte verlinken.

### 4.3.3 Faktendatenbanken

In Faktendatenbanken können Sie nach einem Faktum (lat.: factum = Tatsache) recherchieren: nach einer Jahreszahl, einem historischen Ereignis, einem Firmennamen etc. Dieser Datenbanktyp antwortet auf Ihre Anfrage mit einer direkten Information, nicht über den Umweg einer Literaturangabe, auf die sich Referenzdatenbanken beschränken.

**INFO**

Faktendatenbanken finden Sie z.B. im Fachausschnitt „Politologie" des *Datenbank-Infosystems (DBIS)* mittels der Datenbanktyp-Sortierung (http://rzblx10.uni-regensburg.de/dbinfo) sowie in der *Virtuellen Fachbibliothek Politikwissenschaft* (http://www.vifapol.de/).

Inzwischen gibt es sämtliche gedruckten Nachschlagewerke wie Lexika, Wörterbücher, Adress- oder Abkürzungsverzeichnisse zwar in elektronischer Form, nicht alle sind jedoch über das Internet verfügbar, und nicht alle bieten bei paralleler Veröffentlichung die gleichen Inhalte an. Schauen Sie daher immer auch in gedruckte Werke. Die Vorteile der elektronischen Nachschlagewerke gegenüber der entsprechenden Printausgabe sind die Aktualität (mit Einschränkung) und vor allem das schnelle Finden durch die Schlagwortverknüpfung.

### 4.3.4 Rezensions- und *Abstract*-Sammlungen

Rezensionen sind kritische Besprechungen von Büchern, Artikeln oder anderen Veröffentlichungen und helfen, die Relevanz, Aktualität und Qualität von unbekannten Werken einzuschätzen. Sie erscheinen in gedruckten und elektronischen Zeitschriften und Tageszeitungen oder in den Sammlungen von (Rezensions-)Datenbanken (→ 2.2.3 Zeitschriften). Schauen Sie z.B. regelmäßig die Rezensionszeitschrift *Neue politische Literatur* durch (http://www.ifs.tu-darmstadt.de/index.php?id=275).

Da die Rezensenten die Publikationen oftmals sehr unterschiedlich einschätzen bzw. bewerten, sollten Sie mehrere Besprechungen zum gleichen „Objekt" lesen. Rezensionen können als orientierender Einstieg in ein Thema oder als Diskussionsanreiz dienen, ersetzen jedoch keinesfalls das Lesen der Quelle.

*Abstracts* sind knappe, prägnante Zusammenfassungen der Inhalte von Publikationen. Sie verraten Ihnen in der Regel Fragestellung(en), Ausgangslage, These(n), Intention, methodisches Vorgehen, thematische und methodische Abgrenzung, Schlussfolgerung(en) und Ergebnisse des Verfassers. Damit helfen Abtracts – oft noch effektiver und exakter als Rezensionen – bei der Entscheidung, ob ein Dokument vom Inhalt her relevant für die eigene Arbeit ist oder ob Sie es getrost beiseitelegen können bzw. gar nicht beschaffen müssen. Nützlich sind *Abstracts* zudem, wenn das Dokument kostenpflichtig ist oder Sie aus anderen Gründen keinen (schnellen) Zugriff haben.

Diese idealerweise objektiven, wert- und interpretationsfreien Inhaltsangaben werden in der Regel vom Autor selbst oder einer Verlagsperson verfasst und sind nicht zu verwechseln mit Klappentexten auf Büchern, die werbewirksam geschrieben werden. Gemeinhin besitzen Fachartikel, Beiträge in Sammelbänden und Hochschulschriften einen kurzen oder längeren *Abstract.* Aber auch von bibliografischen Datenbanken werden Literaturverweise zunehmend durch eine solche Zusammenfassung beschrieben.

**INFO**

Rezensionen finden Sie z.B. in der (lizenzierten) *Internationalen Bibliographie der Rezensionen (IBR)*, auf die Sie ggf. über *DBIS* zugreifen können (http://rzblx10.uni-regensburg.de/dbinfo); auch das *PW-Portal* bietet Rezensionen an (http://www.pw-portal.de/). Viele Fachbibliografien, wie etwa *Worldwide Political Science Abstracts (WPSA bzw. CSA*, erreichbar über *DBIS*), sind mit *Abstracts* bestückt (→ 4.3.6 Fachdatenbanken).

### 4.3.5 Der Qualität auf der Spur

Datenbanken unterscheiden sich in Umfang, Inhalt und Sprache, weshalb Sie sich stets über sie informieren sollten, bevor Sie mit der Recherche beginnen. Informationen erhalten Sie zumeist unter dem Menüpunkt „Über…" oder „*About*"; wenn Sie über das *Datenbank-Infosystem*

*(DBIS)* suchen, finden Sie alle wesentlichen Informationen in der Detailansicht einer Datenbank (http://rzblx10.uni-regensburg.de/dbinfo). Aber wie können Sie herausfinden, wie der Nutzen und die Qualität einer Datenbank einzuschätzen sind? Folgende Aspekte können Ihnen Aufschluss darüber geben:

- Wie übersichtlich ist die Suchmaske gestaltet, ist sie intuitiv bedienbar?
- Hält die Datenbank mehrere Suchfelder und logische Verknüpfungen bereit?
- Können Sie gröber und feiner suchen, d.h. Suchwörter kombinieren?
- Gibt es die Möglichkeit, über einen Index, über Schlagworte oder einen Thesaurus zu suchen?
- Können Sie nach formalen Kriterien wie Dokumententyp, Sprache oder Zeitraum suchen?
- Welche Medientypen wurden berücksichtigt?
- Wie aktuell sind die Inhalte?
- Woher stammen die Inhalte?
- Gibt es Links zu anderen Angeboten?
- Kann ich die gefundene Literatur bestellen oder herunterladen?
- Kann ich Literatur verwalten? Gibt es eine Suchhistorie?

### 4.2.6 Fachdatenbanken – eine Auswahl

In der Regel ermöglichen die Hochschulbibliotheken den Zugriff auf die wichtigsten Fachdatenbanken. Suchen Sie über deren Websites das *Datenbank-Infosystem DBIS* auf und informieren Sie sich mittels der Kennzeichnungen, auf welche Datenbank Sie von den bibliothekseigenen Rechnern aus zugreifen können. Einige Datenbanken können Sie auch über das frei zugängliche *IREON-Portal* (http://www.ireon-portal.de/) oder über die *Virtuelle Fachbibliothek Politikwissenschaft* (http://www.vifapol.de/) nach Dokumenten absuchen.

**INFO**

**Aufsatzdatenbanken** offerieren fachübergreifend oder fachbezogen Aufsätze aus Zeitschriften und zeitschriftenartigen Reihen wie Festschriften oder Konferenzberichten, manchmal auch Buchkapitel. **Fachbibliografien** weisen fach- oder themenbezogen selbstständig erschienene Werke (Monografien) und/oder unselbstständig erschienene Werke (Zeitschriften, zeitschriftenähnliche Reihen) nach. **Volltextdatenbanken** erlauben den direkten Zugriff auf Volltexte.

*ASP – Academic Search Premier/EBSCO Host*
**Typ:** Aufsatzdatenbank, Volltextdatenbank (fachübergreifend)
**Inhalt:** Aufsätze aus etwa 8.500 wissenschaftlichen Zeitschriften; viele im Volltext zugänglich, mit Backfiles teils bis 1975 oder früher
**Zugang:** *DBIS* (lizenzierter Zugang)

*IBLK – Online Contents – SSG Internationale Beziehungen und Länderkunde*
**Typ:** Fachbibliografie, Aufsatzdatenbank (Geografie, Politikwissenschaft, Wirtschaftswissenschaften)
**Inhalt:** Zeitschriteninhaltsverzeichnisse mehrerer Sondersammelgebiete, Aufsätze, Rezensionen. Fachausschnitt der Swets-Datenbank Online-Contents, ergänzt durch SSG-Bibliotheken
**Zugang:** *DBIS* (lizenzierter Zugang) oder http://www.ireon-portal.de/

*IBSS – International Bibliography of the Social Sciences*
**Typ:** Fachbibliografie (fachübergreifend)
**Inhalt:** 4 Bibliografien: *International bibliography of economics, International bibliography of political science, International bibliography of sociology* sowie *International bibliography of social and cultural anthropology.* Nachweise von Monografien, Zeitschriftenaufsätzen, Rezensionen
**Zugang:** *DBIS* (lizenzierter Zugang) oder http://www.vifapol.de/

*IBZ – Internationale Bibliographie der geistes- und sozialwissenschaftlichen Zeitschriftenliteratur*
**Typ:** Aufsatzdatenbank (fachübergreifend)
**Inhalt:** Internationales Nachschlagewerk für Zeitschriftenaufsätze der Geistes- und Sozialwissenschaften und angrenzender Fächer. Nachweis

von derzeit weit über 3 Millionen Zeitschriftenaufsätzen aus 11.500 Zeitschriften der Jahre 1983 ff
**Zugang:** *DBIS* (lizenzierter Zugang)

*IPSA – International Political Science Abstracts*
**Typ:** Fachbibliografie, *Abstract*-Datenbank (Politikwissenschaft, Rechtswissenschaft)
**Inhalt:** Eine der führenden politikwissenschaftlichen Fachbibliografien. Nachweise von internationalen Fachzeitschriften (ab 1975) mit *Abstract*
**Zugang:** *DBIS* (lizenzierter Zugang)

*JSTOR*
**Typ:** Aufsatzdatenbank, Volltextdatenbank (fachübergreifend)
**Inhalt**: Zeitschriftenaufsätze ab dem 19. Jahrhundert, i.d.R. Volltextzugriff bis auf die letzten 2–5 Jahrgänge; teilweise sind die aktuellen Jahrgänge unter *JSTORs Current Scholarship Program* zugänglich
**Zugang**: *DBIS* oder http://jstor.org (lizenzierter Zugang)

*LITDOK – Literaturdatenbank/Deutsche Gesellschaft für Internationale Zusammenarbeit*
**Typ:** Fachbibliografie (Politikwissenschaft, Geschichte, Wirtschaftswissenschaften)
**Inhalt**: Nachweise von Büchern, Zeitschriftenaufsätzen, Sammelwerkbeiträgen, Internetquellen, Graue Literatur zu Entwicklungszusammenarbeit, Entwicklungsländern, Globaler Strukturpolitik
**Zugang:** *DBIS* (frei) oder
http://www3.giz.de/dokumentation_bibliothek/datenbanken/index.php.de

*OLC-SSG – Online Contents Sondersammelgebiet Politikwissenschaft und Friedensforschung*
**Typ:** Fachbibliografie, Aufsatzdatenbank (Politikwissenschaft)
**Inhalt:** Fachausschnitt der Swets-Datenbank Online Contents, der zurzeit etwa 832 Zeitschriften umfasst und laufend durch ausgewählte Zeitschriftentitel der zuständigen SSG-Bibliothek SUB Hamburg ergänzt wird. Aufsätze und Rezensionen; Berichtszeitraum 1993–
**Zugang:** *DBIS* (lizenzierter Zugang) oder http://www.vifapol.de/

*OLC-SSG – Online Contents Sondersammelgebiet Zeitgeschichte*
**Typ:** Fachbibliografie, Aufsatzdatenbank (Politikwissenschaft, Geschichte)
**Inhalt:** Fachausschnitt aus der Swets-Datenbank Online Contents, der von mehreren Bibliotheken laufend durch ausgewählte Zeitschriften ergänzt wird. Aufsätze und Rezensionen zur Zeitgeschichte; Berichtszeitraum 1993–, teils 1945–
**Zugang:** *DBIS* (lizenzierter Zugang) oder http://www.vifapol.de/

*PAIS – International / Public Affairs Information Service*
**Typ:** Fachbibliografie (Politikwissenschaft, Geografie, Soziologie, Wirtschafts- und Rechtswissenschaften)
**Inhalt:** Literaturverweise auf Monografien, Zeitschriften, Reports, Graue Literatur, Amtsdruckschriften, Internetquellen, mit *Abstracts*
**Zugang:** *DBIS* (lizenzierter Zugang) oder http://www.ireon-portal.de/

*Peace Research Abstracts*
**Typ:** Fachbibliografie, *Abstract*-Datenbank (Politikwissenschaft)
**Inhalt:** Nachweise von Monografien, Zeitschriften, Sammelwerksbeiträgen, amtlichen Publikationen. Berichtszeitraum: ca. 1945–
**Zugang:** *DBIS* (lizenzierter Zugang)

*Philosopher's Index*
**Typ:** Fachbibliografie (Philosophie, Politische Philosophie)
**Inhalt:** Nachweise von Monografien, Aufsätzen, Forschungsberichten zu Ethik, Ästhetik, Epistemologie, Logik und Metaphysik, Geschichte der Philosophie, politische Philosophie, Rechtsphilosophie u.a., zumeist mit *Abstracts* versehen. Berichtszeitraum: 1940– (USA) / 1967– (übrige Länder)
**Zugang:** *DBIS* (lizenzierter Zugang)

*PIO/PAO – Periodicals Index Online / Periodicals Archive Online*
**Typ:** Aufsatzdatenbank, Volltextdatenbank (fachübergreifend)
**Inhalt:** Nachweis historischer Zeitschriftenartikel aus den Geistes- und Sozialwissenschaften, mit Link auf die im *Periodicals Archive Online (PAO)* enthaltenen Volltexte. Berichtszeitraum: 1739–2000
**Zugang:** *DBIS* (frei) oder http://pio.chadwyck.co.uk/marketing.do (kostenlose Registrierung)

*PW-Portal.de / Annotierte Bibliografie der Politikwissenschaft*
**Typ:** Aufsatzdatenbank, Fachbibliografie, Volltextdatenbank (Politikwissenschaft)
**Inhalt:** Bibliografie der Politikwissenschaft im Web (deutschsprachiger Raum), mit Annotationen und Rezensionen, Liste politikwissenschaftlicher Institute in Deutschland, Veranstaltungskalender (Tagungen, Vorträge), Aufsätze, Essays
**Zugang:** *DBIS* (frei) oder http://www.pw-portal.de/ oder http://www.zpolcms.de/

*SocINDEX*
**Typ:** Fachbibliografie, Volltextdatenbank (Soziologie)
**Inhalt:** Nachweis von Zeitschriftenaufsätzen, Sammelbandbeiträgen, Monografien und Dissertationen; es gibt eine Volltextversion
**Zugang:** *DBIS* (lizenzierter Zugang)

*SSCI – Social Science Citation Index / ISI* Web *of Science*
**Typ:** Fachbibliografie, Aufsatzdatenbank (fachübergreifend)
**Inhalt:** Auswertung sozialwissenschaftlicher Fachzeitschriften, bibliografische Angaben, teils mit *Abstracts* versehen
**Zugang:** *DBIS* (lizenzierter Zugang)

*WAO – Abkommen*
**Typ:** Volltextdatenbank (Politikwissenschaft)
**Inhalt:** Internationale Abkommen und Verträge mit Link zum jeweiligen Volltext
**Zugang:** *DBIS* oder http://ireon-portal.de sowie http://www.vifapol.de/

*WAO – World Affairs Online*
**Typ:** Fachbibliografie (Politikwissenschaft, Rechts- und Wirtschaftswissenschaften)
**Inhalt:** Nachweise von Zeitschriften- und Sammelwerksaufsätzen, wissenschaftlichen elektronischen Veröffentlichungen, Grauer Literatur zum Thema Internationale Beziehungen und Länderkunde, daneben Monografien und Amtsdruckschriften teils mit *Abstract*, teils mit Link zum Volltext
**Zugang:** *DBIS* (lizenzierter Zugang) oder http://ireon-portal.de

*WISO SOWI / Wiso Sozialwissenschaften*
**Typ:** Aufsatzdatenbank, Fachbibliografie, Volltextdatenbank (Sozialwissenschaften)
**Inhalt:** *SOLIS* (deutschsprachige sozialwissenschaftliche Literatur), *SOFIS* (Nachweis von Forschungsprojekten im deutschsprachigen Raum), *BLISS* (betriebswirtschaftliche Literatur, *IHSLIT* (sozialwissenschaftliche Literatur), *SoLIT* (deutsch- und englischsprachige Literaturdatenbank des Deutschen Zentralinstitutes für soziale Fragen) sowie *WAO* (Politik, internationale Beziehungen). Nachweise von Monografien, Sammelbandbeiträgen, Zeitschriftenaufsätzen, Grauer Literatur, Dissertationen
**Zugang:** *DBIS* (lizenzierter Zugang)

*WPSA – Worldwide Political Science Abstracts*
**Typ:** Fachbibliografie (Politikwissenschaft, Verwaltungswissenschaft, Rechtswissenschaften)
**Inhalt:** Nachweise von Artikeln und Rezensionen aus internationalen Fachzeitschriften, daneben Monografien und Dissertationen
**Zugang:** *DBIS* (lizenzierter Zugang) oder http://www.ireon-portal.de/

*WoS – Web of Science (ISI* Web *of Science/ ISI Web of Knowledge)*
**Typ:** Aufsatzdatenbank, Zitationsdatenbank (fachübergreifend)
**Inhalt:** Teildatenbanken: *Arts & Humanities Citation Index, Science Citation Index Expanded, Social Sciences Citation Index, Conference Proceedings Citation Index – Science (CPCI-S), Conference Proceedings Citation Index – Social Science & Humanities (CPCI-SSH) (ISI proceedings)*
**Zugang:** *DBIS* (lizenzierter Zugang) oder http://wokinfo.com/*about*/whatitis/

## 4.4 Linkverzeichnisse

4.4.1 Linklisten
4.4.2 Webverzeichnisse
4.4.3 Linkverzeichnisse – eine Auswahl

Politikwissenschaftliche Quellen zu einem bestimmten Gegenstand oder Sachverhalt können Sie auch in einschlägigen Linklisten oder in Webverzeichnissen recherchieren. Diese in Umfang, hierarchischer Tiefe und Qualität unterschiedlich ausfallenden Verzeichnisse bestehen aus thematisch sortierten Links, die auf passend ausgewählte Webseiten, auf Zeitschriftenartikel, Rechtsdokumente, Statistiken und andere Internetquellen führen. Die Verzeichnisse präsentieren den Titel jeder aufgenommenen Quelle, eine mehr oder weniger ausführliche Kommentierung sowie den zugehörigen Link.

### 4.4.1 Linklisten

Wissenschaftliche Linksammlungen beinhalten häufig fach- oder themenspezifisch relevante Quellen aus dem sogenannten *Deep Web*, also Quellen, die von gewöhnlichen Suchmaschinen wie zum Beispiel *Google* oder *Yahoo* nicht indiziert und angezeigt werden (→ 4.6 Suchmaschinen). Demzufolge ist es durchaus sinnvoll, diese Angebote zu nutzen. Was Sie dort allerdings wenig finden werden, sind Informationen bzw. Definitionen zu Begriffen; für diesen Zweck eignen sich besser Suchmaschinen und, ganz klassisch, gedruckte oder elektronische Nachschlagewerke (→ 2.2.1 Nachschlagewerke).

Die Inhalte wissenschaftlicher Linklisten werden von einer fachlich kompetenten Person oder einem Team ausgewählt und redaktionell betreut, im Idealfall regelmäßig auf Aktualität geprüft, oftmals auch noch kommentierend bewertet. Dieser hohe redaktionelle Aufwand ist der Grund, warum fachliche Linksammlungen wesentlich knapper ausfallen als Webverzeichnisse, die von großen Redaktionsteams erstellt werden und sämtliche Themengebiete abdecken.

Politikwissenschaftlich orientierte und dem Fach entsprechend strukturierte Linklisten finden Sie relativ einfach, da viele Institute, Organisationen und Forschungseinrichtungen solche auf ihrer Website anbieten (→ 3.1 Personen, Institutionen, Organisationen). Schauen Sie zunächst auf der Website Ihres oder eines anderen politikwissenschaftlichen Fachbereichs nach, vielleicht werden Sie bereits dort fündig. „Vielleicht" deshalb, weil es tatsächlich gravierende Unterschiede in der Brauchbarkeit der angebotenen Linklisten gibt. So ist manche Sammlung doch sehr spärlich ausgestattet, andere wiederum sind sehr gut aufgebaut. Empfehlenswert ist in jedem Fall der Fachinformationsführer der *Virtuellen Fachbibliothek Politikwissenschaft (ViFaPol)*, der Links zu sämtlichen Internetquellen anbietet, die fachlich von Belang sind (http://vifapol.de/systematik/). Politikwissenschaftlich interessante Linklisten finden weiter unten in der Auswahl (4.4.3 Linkverzeichnisse).

**TIPP**

Eine Linkliste zu politikwissenschaftlichen Instituten finden Sie z.B. im *PW-Portal* unter dem Menüpunkt „Service" (http://pw-portal.de/).

### 4.4.2 Webverzeichnisse

Webverzeichnisse – auch Internetverzeichnisse oder Web-Indizes genannt – unterscheiden sich von Linklisten in erster Linie durch ihren Umfang. Während die Linkliste üblicherweise nur eine oder wenige Seiten umfasst, thematisch eng gefasst und übersichtlich ist, bietet ein Webverzeichnis sehr viele Links zu zahlreichen speziellen Themen und verfügt meist über eine integrierte Suchmaschine, die Sie zusätzlich zum Klicken durch die Kategorien – dem sogenannten Browsen – bedienen können.

Große Webverzeichnisse klassifizieren in der Regel zunächst recht grob, z.B. „Kultur und Wissenschaft" oder „Freizeit und Sport". Je tiefer Sie sich durch die Hierarchie klicken, umso feiner wird die Klassifikation und desto enger sind die Themengebiete eingegrenzt. Schließlich finden Sie nur noch einen kleinen Ausschnitt aus dem *World Wide Web*. Natürlich gibt es gravierende Unterschiede zwischen Webverzeichnissen, was deren hierarchische Tiefe und Inhalte anbelangt. Entsprechend ist auch ihr Nutzen differenziert zu bewerten. Zu den bekanntesten Webverzeichnissen (oder auch Web-Indizes) gehören *Yahoo* und *Web.de*. Für Ihre wissenschaftlichen Studien sind diese Verzeichnisse aufgrund ihrer überwiegend kommerziellen Ausrichtung weniger zu empfehlen. Das *Open Directory Project (ODP)*, den eigenen Angaben zufolge das umfangreichste von Menschen klassifizierte und editierte Linkverzeichnis, ist dafür eher geeignet (http://dmoz.de/).

Inzwischen verdrängen zahlreiche *Social Bookmarking*-Dienste, wie etwa *Mister Wong*, zunehmend die konventionellen Verzeichnisse (→ 2.2.7 Web 2.0). Indem die Nutzer dort selbst Links speichern, aktualisieren, mit Schlagworten versehen, kommentieren und bewerten können, wachsen diese bisweilen heute schon riesigen Linksammlungen kontinuierlich an – mehr oder weniger kontrolliert.

### 4.4.3 Linkverzeichnisse – eine Auswahl

*bbz Werkzeugkasten*
http://digilink.digibib.net/wk/links.pl
*Bubl Link Political Science*
http://bubl.ac.uk/link/linkbrowse.cfm?menuid=2827
*Governments on the WWW*
http://www.gksoft.com/govt/en/
*Mister Wong*
http://www.mister-wong.de/
*Open Directory Project*
http://dmoz.de/
*Political Resources on the Net*
http://www.politicalresources.net/
*PW-Portal für Politikwissenschaft*
http://www.pw-portal.de/
*Richard Kimber's Political Science Resources*
http://www.politicsresources.net/
*Schopfheimer Hypervirtuelle Bibliothek*
http://www.schopfheim.de/bib/virtbib/g-sozialwissenschaften/Gk.html
*Scirus*
http://scirus.com/
*Suchseite Rainer Rilling*
http://www.rainer-rilling.de/suchen.html
*ViFa Pol/Fachinformationsführer*
http://www.vifapol.de/systematik/
*WWW Virtual Library*
http://vlib.org/
*Yahoo Directory Political Science*
http://dir.yahoo.com/Social_Science/Political_Science/Political_Theory/

## 4.5 Fachportale



Webportale, Fachportale und deren Varianten, die sogenannten Virtuellen Fachbibliotheken (abgekürzt ViFa), sind meist umfangreiche Websites, die zu themen- oder fachspezifischen Informationen aller Art führen – schwerpunktmäßig zu Internetquellen. Als zentrale Anlaufstellen sind sie ein auf ein Thema bzw. mehrere Themen oder eine Disziplin eingeschränkter Ausschnitt des *World Wide Web* (inklusive des *Deep Web*) und bieten an, was Sie für Ihr Studium bzw. Ihre wissenschaftliche Arbeit benötigen: Linklisten, Datenbanken, Kataloge, daneben die unterschiedlichsten Serviceleistungen sowie diverse Suchfunktionalitäten. Die für die Recherche in der Regel sorgfältig aufbereiteten Portalinhalte werden von Fachkräften auf Herz und Nieren geprüft, zusammengestellt und auf aktuellem Stand gehalten.

### 4.5.1 Virtuelle Fachbibliotheken

Die Idee, Virtuelle Fachbibliotheken aufzubauen, entstand im Zuge der rasant fortschreitenden Entwicklung des Internets während der 1990er-Jahre, das zunehmend wichtiger für die wissenschaftlich Publizierenden und Recherchierenden wurde und heute ein unverzichtbares Medium für den Wissenschaftsbetrieb ist. Mit diesen Fachportalen haben die Hochschulbibliotheken zeitgemäß ihre klassischen Dienste rund um den eigenen, unmittelbar verfügbaren (realen) Bestand ergänzt.

Im Kern bestehen die Virtuellen Fachbibliotheken, die es mittlerweile für zahlreiche Fachgebiete gibt, aus dem fachlichen Ausschnitt des Online-Katalogs der jeweiligen SSG-Bibliothek(en), dem fachlichen Ausschnitt der Zeitschriften- und Datenbankenverzeichnisse *EZB* und *DBIS*, der *SSG- Online-Contents*-Datenbanken, ferner aus den fachlichen Repositorien, die wissenschaftliche Graue Literatur enthalten, sowie aus einem Fachinformationsführer (FIF), der in Form einer Linksammlung zu fachlich relevanten Websites, Zeitschriften, Zeitschriftenaufsätzen, Statistiken und Faktensammlungen führt.

Diese Fachinformationsführer werden oft als *subject gateways* oder *quality controlled subject gateways* bezeichnet. Letztere Auszeichnung bedeutet, dass die aufgenommenen Quellen einer speziellen Qualitätskontrolle unterliegen und mit detaillierten Beschreibungen bestückt sind. Ein weiteres wichtiges Kriterium ist, dass die Quellen im *World Wide Web* frei zugänglich sind. Da an die Fachinformation grundsätzlich ganz besondere Qualitätsansprüche gestellt werden, ist der Aufwand für den jeweiligen Anbieter, also für die SSG-Bibliotheken und Partner, entsprechend hoch.

In der Regel besitzen Virtuelle Fachbibliotheken eine integrierte (Meta-) Suchmaschine, mittels der sämtliche Datenbanken (parallel) durchsucht werden können. Das Bestreben der ViFa-Betreiber ist dabei, wo immer es möglich ist, die Nutzer auf die elektronische Ausgabe eines Dokumentes, d.h. auf den Volltext weiterzuleiten. Was die Suchmöglichkeiten betrifft, können Sie bei manchen dieser Fachportale neben der Stich- oder Schlagwortsuche auch über eine Klassifikation oder einen Thesaurus (→ 6 Die Recherche) Literatur suchen; die Angebote schwanken von ViFa zu ViFa. Nicht zuletzt runden Virtuelle Fachbibliotheken mitunter ihr Angebot ab mit Blogs, Neuerscheinungslisten, Terminhinweisen, Foren, Projekten, Stellenbörsen, Recherchetipps und anderen Services.

Inzwischen haben sich neben den Virtuellen Fachbibliotheken der Hochschulbibliotheken zahlreiche Portale – kommerzielle und nicht-kommerzielle – im *World Wide Web* etabliert, die ebenfalls fachliche oder thematisch relevante Internetressourcen anbieten, die sie für die Suche sorgfältig aufbereiten.

**INFO**

Das *Datenbank-Infosystem (DBIS)*/Fachausschnitt „Politologie" zeigt über die Datenbanktyp-Suche fachrelevante Portale an, zu denen Sie überwiegend freien Zugang über das WWW haben (http://rzblx10.uni-regensburg.de/dbinfo).

### 4.5.2 Exkurs: Sondersammelgebiete (SSG)

Was hat es auf sich mit den Sondersammelgebieten? Diese sind nach dem Zweiten Weltkrieg (1949) von der *Deutschen Forschungsgemeinschaft*

(DFG, ursprünglich *Notgemeinschaft der deutschen Wissenschaft*) angeregt worden, um eine umfassende, überregionale Literaturversorgung des deutschen Wissenschaftsbetriebs sicherzustellen. Da keine Landes-, Universitäts- oder Stadtbibliothek finanziell und räumlich in der Lage ist, sämtliche auch im Ausland erschienene Spezialliteratur für Forschung und Lehre zu erwerben, haben sich geeignete Bibliotheken dazu verpflichtet, für ein bestimmtes Fach umfassend Literatur zu erwerben und zugänglich zu machen; damit waren die Sondersammelgebiete (SSG) geboren. Mit der raschen Entwicklung digitaler Angebote haben die SSG-Bibliotheken stets auch ihr Leistungsspektrum erweitert, u.a. mit einer Aufsatzdatenbank, der *Online-Contents (OLC-SSG)*, und eben den Virtuellen Fachbibliotheken (ViFa).

**TIPP**

Wenn Sie wissen möchten, welche wissenschaftlichen Fachportale es gibt und welche Bibliothek(en) jeweils zuständig ist (sind), können Sie sich bei *WEBIS* (http://Webis.sub.uni-hamburg.de/Webis/) oder bei *Vascoda-Blog* informieren (http://vascoda.wordpress.com/fachportale/).

### 4.5.3 Die ViFa Politikwissenschaft und Friedensforschung

Ein virtueller Marktplatz für politikwissenschaftliches Forschungsmaterial ist die vorbildlich gestaltete und gegliederte *ViFaPol*, die *Virtuelle Fachbibliothek Politikwissenschaft und Friedensforschung* (http://www.vifapol.de/). Wenn Sie sich hier tummeln, und das sollten Sie als Politikwissenschaftlerin/Politikwissenschaftler in jedem Fall tun, können Sie ein vielseitiges Angebot rund ums Studium entdecken und nutzen: von Linklisten über den fachlichen Ausschnitt des Online-Katalogs sowie einschlägigen politik- und sozialwissenschaftlichen Datenbanken bis hin zu einem Blog und einem Recherche-Tutorial. Betrieben wird die *ViFaPol* von der Staats- und Universitätsbibliothek Hamburg Carl von Ossietzky, die im Rahmen ihrer Zuständigkeit für das Sondersammelgebiet Politik und Friedensforschung im Jahr 2000 mit dem Aufbau des Portals begonnen hat und für dessen Pflege und Weiterentwicklung verantwortlich ist.

### 4.5.4 Portale – eine Auswahl

*ViFaPol – Virtuelle Fachbibliothek Politikwissenschaft*
Politikwissenschaftliche Fachinformation mit Schwerpunkt auf deutschsprachigen Ressourcen
**Zugang:** http://www.vifapol.de/

*PW-Portal – Portal für Politikwissenschaft*
Rezensionen aktueller politikwissenschaftlicher Publikationen, annotierte Bibliografien der Politikwissenschaft, politikwissenschaftliche Institute, Veranstaltungen etc.
**Zugang:** http://www.pw-portal.de/

*Intute Social Science*
Sozialwissenschaftliches Fachportal, das seit Juli 2011 nicht mehr aktualisiert wird; dennoch lohnt es sich in jedem Fall, dort zu recherchieren.
**Zugang:** http://intute.ac.uk/socialsciences/

*E-Politik*
Portal zu Politik, Gesellschaft und Politikwissenschaft
**Zugang:** http://www.e-politik.de/lesen/

*Europa.eu / Europäische Union*
Portal mit Informationen über die Europäische Union
**Zugang:** http://europa.eu/index_de.htm

*Europa einfach e.V.*
Portal zu Themen rund um die EU
**Zugang:** http://www.europa-einfach.de/

*Politik Digital*
Portal zu politischen Systemen, Partizipation in Deutschland, Netzpolitik, EU, mit Analysen, Dossiers, Chats mit Politikern, Newsletter, Blog
**Zugang:** http://www.politik-digital.de/

*IREON* – Internationale Beziehungen und Länderkunde
Fachportal für Außen- und Sicherheitspolitik, internationale Wirtschafts- und entwicklungspolitische Zusammenarbeit, Europapolitik,

transatlantische Themen, auswärtige Kulturpolitik, Regional- und Länderfragen, Klima, Umwelt, Energie
**Zugang:** http://www.ireon-portal.de/

*Außenpolitik.net (DGAP)*
Portal zu internationalen Beziehungen, deutscher Außerpolitik, Weltregionen
**Zugang:** https://aussenpolitik-net.dgap.org/de/aussenpolitik/start

*Epo – Entwicklungspolitik Online*
Portal zu entwicklungspolitischer Zusammenarbeit
**Zugang:** http://www.epo.de/

*PortalU*
Portal zu Umweltthemen
**Zugang:** http://www.portalu.de

*gender... politik... online*
Portal zu geschlechterpolitischen Themen für die Sozialwissenschaften
**Zugang:** http://www.gender-politik-online.de/

*Qantara*
Fachübergreifendes Portal mit Informationen über die islamische Welt
**Zugang:** http://de.qantara.de/

Sinnvoll ist wegen der fachlichen Überschneidung oft auch der Blick in benachbarte Angebote wie Portale für Soziologie, Rechts-, Sozial- und Wirtschaftswissenschaften sowie Geschichte und Philosophie:

*Sowiport*
Fachportal für Sozialwissenschaften
**Zugang:** http://www.gesis.org/sowiport

*SozialwissenschaftenFAQ*
Recherchehilfe für die Fächer Politikwissenschaft, Soziologie, Geschichte, Wirtschaftswissenschaften u.a.
**Zugang:** http://homepages.uni-tuebingen.de/juergen.plieninger/sozwissfaq/

*Virtuelle Fachbibliothek Ost (ViFa Ost)*
Portal zur Osteuropaforschung mit wissenschaftlichen Informationen zu Geschichte, Sprache, Literatur, Politik und Kultur der Länder und Regionen Ost-, Ostmittel- und Südosteuropas
**Zugang:** http://www.vifaost.de/

*EconBiz*
Wirtschaftswissenschaftliche Fachinformationen
**Zugang:** http://www.econbiz.de/

*Virtuelle Fachbibliothek Recht (ViFaRecht)*
Rechtswissenschaftliche Fachinformationen
**Zugang:** http://www.vifa-recht.de

*European Justice*
Portal mit Informationen über Justizsysteme und Europarecht
**Zugang:** https://e-justice.europa.eu/

*Clio Online*
Fachportal für die Geschichtswissenschaften
**Zugang:** http://www.clio-online.de

*Sophikon*
Virtuelle Fachbibliothek zur abendländischen Philosophie
**Zugang:** http://www.sophikon.de/

*DDB – Deutsche Digitale Bibliothek*
Portal, das die digitalen Angebote sämtlicher Kultur- und Wissenschaftseinrichtungen miteinander vernetzt; sie soll in die *Europeana* integriert werden (http://europeana.eu/)
**Zugang:** http://www.deutsche-digitale-bibliothek.de/

## 4.6 Suchmaschinen



Die Recherche im *World Wide Web* ist heute nicht mehr wegzudenken und *Google* für viele das einzige Suchinstrument, das benutzt wird. Auf den ersten Blick ist das „Googeln“ eine tolle Sache. Doch die schnell und leicht erhaltenen Ergebnisse entpuppen sich nicht immer als das Gelbe vom Ei, was vor allem für wissenschaftliches Arbeiten gilt. Denken Sie allein an die heillosen Treffermengen, mit denen Sie nur allzu häufig bombardiert werden; Sie könnten sie niemals durchsehen und würden es auch ganz sicher nicht tun (wollen). Ein weiteres Problem ist das Ranking, also die Sortierung von Suchergebnissen großer Suchmaschinen, durch die Relevantes keineswegs immer ganz nach oben befördert wird. Schauen wir, was Suchmaschinen sind, wie sie arbeiten und was sie leisten können.

### 4.6.1 Suchdienste als Vermittler

Die Aufgabe von Suchdiensten ist es, unterschiedlichste Dokumente im Web aufzufinden und für Anfragen eine Suchmöglichkeit bereitzustellen. Webseiten können zwar auch direkt über ihre URL (*Uniform Ressource Locator*) erreicht werden, aber nur, wenn die Internetadresse bekannt ist und korrekt eingegeben wird. Manchmal kann eine Adresse erraten werden, wie beispielsweise die der *Vereinten Nationen* (www.un.org), aber das klappt nicht immer. Eine thematische Suche dagegen wird jedoch immer über einen Suchdienst erfolgen müssen.

Suchdienste sind Vermittler zwischen dem Informationsbedürftigen und den Informationsanbietern, den Autoren oder Redaktionen, die

Dokumente im Internet für Dritte bereitstellen. Diese Vermittler setzen sich zusammen aus einem System, das die Suche erlaubt, und einer Dokumentenbasis. Beide Teile, die bei den unterschiedlichen Suchdiensten in Form und Inhalt variieren, bedingen einander, denn ein Suchsystem ohne Datenmaterial ist ebenso unbrauchbar wie ein Haufen zusammenhangloser und unerschlossener Dokumente ohne die Möglichkeit, gezielt nach ihnen suchen zu können.

Wenn Sie eine Suchanfrage starten, antwortet das Suchsystem auf Ihre Frage mit Verweisen auf Dokumente, auf die Sie erst jetzt, im zweiten Schritt, zugreifen können. Der Verweis besteht in der Regel aus einem Link sowie einem kleinen Textauszug der Seite. Sie sehen, eine Suchmaschine lässt Ihre Forschungsfrage selbst zwar unbeantwortet, offeriert Ihnen aber stattdessen Vorschläge in Form einer Trefferliste, in der Sie Material zu Ihrem Gegenstand finden könnten.

### 4.6.2 Relevanz und Ranking

Die Suchmaschine hat also eine Auswahl getroffen. Aufgrund welcher Kriterien? Wenn Sie Ihren Dozenten nach Literatur zu einem Thema fragen, kann er Ihre Fragestellung in der Regel einordnen und Ihnen relevante Literatur empfehlen. Dies kann er aufgrund seiner Fachkenntnis und seiner Fähigkeit, Ihre vielleicht vage, unpräzise Frage korrekt zu interpretieren. Er ahnt oder weiß, was Sie meinen, oder fragt noch einmal nach und hilft, Ihre Fragestellung zu präzisieren. Was aber steckt dahinter, wenn eine Suchmaschine Ihnen relevante Informationen empfiehlt resp. präsentiert? Eine Maschine, die gleichgültig Dokumente per Algorithmen erschließt und Sie exakt beim (Such-)Wort nimmt? Wie soll sie ein Dokument interpretieren und es im Zusammenhang mit Ihrer Suchanfrage beurteilen, eine Maschine, die nur Zeichenketten identifizieren, diese zählen und vergleichen kann? Sie sehen, der Begriff Relevanz hat hier einen anderen Hintergrund: In der Regel gilt das Vorkommen der Suchbegriffe im Dokument als Hinweis darauf, dass dieses Dokument relevant ist. Die angenommene Relevanz eines Dokuments wird dabei allgemein als höher bewertet,

- je mehr alle Suchbegriffe im Dokument auftauchen,
- je häufiger einer der Suchbegriffe im Dokument auftaucht (Dichte der Suchbegriffe in Relation zur Gesamtlänge des Textes),

- je kürzer ein Dokument ist im Vergleich zu anderen Dokumenten bei jeweils gleich häufigem Auftauchen der Suchbegriffe,
- je näher Suchbegriffe beieinander stehen (stehen sie weit auseinander, müssen sie nicht zwangsläufig etwas miteinander zu tun haben; stehen sie näher oder dicht beieinander, ist die Wahrscheinlichkeit eines Zusammenhangs größer),
- je früher der Suchbegriff im Dokument auftaucht (Position der Suchwörter: je eher, desto wichtiger, weil generell zu Beginn des Textes das Thema erläutert wird),
- wenn der Suchbegriff in einer Überschrift steht (die mit dem HTML-Code <h1> z.B. versehen und keine Grafik ist), wenn der Suchbegriff im *Domain*namen auftaucht,
- wenn der Suchbegriff im Titel des Dokuments steht (<title> im <head>-Bereich des HTML-Quelltextes).

**INFO**

Von elementarer Wichtigkeit ist es, wie Sie Ihr Informationsbedürfnis in Suchwörter fassen. Eine Suchmaschine weiß nicht, wenn Sie mit „X" eigentlich eher „Y" meinen; sie wird Ihnen immer „X" anbieten, wenn Ihre Anfrage „X" lautet. Bei präzisen Fragestellungen ist dies jedoch ein Vorteil (→ 6 Die Recherche).

Neben dem Vorkommen von Suchwörtern gibt es weitere Relevanz- und Ranking-Kriterien, wie das Datum, die Häufigkeit der Verlinkung auf ein Dokument (Referenz von außen) oder die Häufigkeit des Abrufs einer Website. Diese Varianten machen die Sortierung der Treffer nach absteigender Relevanz (Ranking) zumindest fragwürdig. Denn wie häufig eine Webseite frequentiert oder verlinkt wird, hängt von vielen Faktoren ab, nicht zuletzt vom Zufall. Gehen Sie daher nie davon aus, dass die ersten Treffer auf der Liste Ihre Frage am besten beantworten. Letztlich ist das Ranking der Suchmaschinen ein Betriebsgeheimnis des jeweiligen Betreibers, und die Auswahl der Treffer (Relevanz) wird zunehmend durch eine Personalisierung ausgehöhlt, die die Auswahl der Treffer dem Suchverhalten des Nutzers anpasst und damit schwerlich neutral sein kann.

### 4.6.3 Wie Suchmaschinen arbeiten

Neben der Suchorganisation braucht es Inhalte, in bzw. nach denen gesucht werden kann. Wie aber gelangen Dokumente aus dem WWW in den Index einer Suchmaschine?

Roboter, auch als *Crawler*, *Scooter*, *Spider* oder *Bots* bezeichnet, durchforsten von einer vorbestimmten Startseite aus vollautomatisch das *World Wide Web*, sammeln regelmäßig neue Websites für ihren Index und aktualisieren bereits indizierte Seiten, wobei sie sich von Hyperlink zu Hyperlink bewegen, durch die alle Dokumente miteinander verwoben sind. *Crawler* sind sozusagen Linkjäger und Datensammler, die sich in die Weiten des Webs vorarbeiten und ihre Vorräte auf riesigen Servern ablegen. Eine andere, aktive Variante, wie Webseiten in den Index einer Suchmaschine gelangen, ist deren Anmeldung beim Anbieter der Suchmaschine durch den Betreiber des Webauftritts.

**INFO**

*Crawler* sind vielbeschäftigt und kommen deshalb nur selten bei den einzelnen Webseiten vorbei. So kommt es vor, dass Seiten noch indiziert sind und angezeigt werden, obwohl sie ihre Anschrift gewechselt haben oder inzwischen eingestellt wurden; dann kann es sein, dass Sie die bekannte „404 Not Found"-Fehlermeldung erhalten. Aus dem nämlichen Grund erhalten Sie brandaktuelle Seiten nur mit Zeitverzögerung, d.h. erst dann, sobald der *Crawler* der Seite einen neuerlichen Besuch abgestattet und sie indiziert hat.

### 4.6.4 Wie aus Dokumenten ein Index entsteht

Datenbanken und Suchmaschinen sind sogenannte *Information-Retrieval*-Systeme, in denen gespeicherte Dokumente in einem Index abgebildet werden und über diesen such- und auffindbar sind. Jedes indizierte Wort ist durch Verweise mit den passenden Dokumenten verbunden.

**INFO**

Suchmaschinen indexieren willkürlich, im Rahmen ihrer technischen Möglichkeiten, Inhalte aus dem WWW, während Datenbanken nur ausgewählte Inhalte indizieren.

Wenn Sie nun in das Eingabefeld einer Suchmaschine einen Begriff eintippen, durchkämmt die Suchmaschine nicht die gespeicherten Dokumente nach dem Begriff bzw. dessen Zeichenfolge; sie durchkämmt vielmehr eine Liste von Wörtern (Index), die aus den Dokumenttexten extrahiert worden sind. Dieser Index, vergleichbar mit einem Stichwortverzeichnis, wie wir es von Büchern her kennen, ist das Resultat einer automatischen, auf Algorithmen beruhenden Bearbeitung der Dokumente (automatische Indizierung), die, je nach Suchmaschine, in geringerem oder größerem Ausmaß erfolgt. Hat nun der Zeichenvergleich stattgefunden, werden diejenigen Dokumente aus der Menge gezogen und in der Trefferliste präsentiert, die mit dem Indexwort verknüpft sind.

**TIPP**

Weil im Allgemeinen exakt nach der eingegebenen Buchstabenfolge und damit nach der entsprechenden grammatischen Form gesucht wird, sollten Sie das Suchwort hinter seinem Wortstamm trunkieren: revolution* = Revolution, revolutionäre(s), revolutionär (→ 6.3.7 Andere Operatoren/Trunkierung).

Um Ihnen eine ungefähre Vorstellung von dem Geschehen einer anspruchsvolleren Indizierung zu geben, folgen mögliche Verfahrensschritte, die beispielhaft zeigen, wie aus einem Text ein Index entsteht:

Zunächst werden alle Wörter des Textdokuments extrahiert und damit sämtliche Interpunktionszeichen entfernt (einige Suchmaschinen sammeln nur Überschriften und ein paar Zeilen der Texte, andere den gesamten Text einer Website). Buchstaben werden umgewandelt: ä in ae, ó in o, ê in e und so fort; so wird aus „Europäisches Recht“ ein „Europaeisches Recht“. Großbuchstaben werden durch Kleinbuchstaben ersetzt: „europaeisches recht“. Sogenannte Stoppwörter werden eliminiert, also Wörter, die wenig oder gar nicht geeignet sind, den Inhalt eines Dokuments zu beschreiben, wie die Artikel „der", „die" und „das" oder Wörter wie „wann", „wo" etc. (Manche Suchdienste legen explizit Stoppwortlisten fest, andere definieren ein Wort als Stoppwort, wenn es beispielsweise über 250-mal in einem Dokument auftaucht). Komposita werden getrennt: „Notstandsgesetz" wird zerlegt in die Wörter „not", „stand" und „gesetz". Sodann findet eine „Wortnormalisierung" statt, d.h., deklinierte und konjugierte Wörter werden auf ihre Grundform bzw. Wörter auf ihren Wortstamm reduziert, Präfixe (*ver*-kaufen = kaufen) und Suffixe (Alter-*ung* = Alter) entfernt. Im Deutschen gestaltet sich die Wortstammreduktion wegen der vielen Wortformen, die den Stamm selbst verändern, schwierig: Bei „laufen" beispielsweise ändert sich der Stammvokal: „lauf(en)" bei „läuf(st)" oder „lief(st)". Schließlich können, ebenfalls über integrierte Wörterbücher, Sprachen identifiziert werden. Soweit der knappe, beispielhafte Einblick.

Die so gewonnenen Begriffe bilden schließlich den Index, wobei jedes Wort mit den Dokumenten verknüpft ist, in denen es, wie auch immer, vorkommt. Dabei wird die Häufigkeit gezählt, mit der die Wörter im Dokument auftauchen sowie ihre Position, was beides für das Ranking benötigt wird. Manchmal ist der Index angereichert mit Schlagworten, die Fachleute den Dokumenten zugeordnet haben (intellektuelle Indizierung) oder die mittels komplizierter Logarithmen maschinell erzeugt werden (automatische Indizierung).

Es gibt weitere Möglichkeiten der automatischen Indizierung wie die Einbeziehung von Metadaten, soweit solche vorhanden sind. Jeder Suchdienst verfährt dabei anders, mal sparsamer, mal aufwendiger im Tun. Manchmal gibt es Hinweise im jeweiligen Hilfetext, ansonsten können Sie auch ein bisschen experimentieren, um herauszufinden, wie die Wörter aus den Dokumenten behandelt wurden. Das lohnt sich, wenn Sie oft einen bestimmten Suchdienst benutzen. Dann wissen Sie beispielsweise, ob Sie neben „europäisch" zusätzlich andere grammatische Wortvarianten inklusive „european" suchen müssen, etwa weil die Suchmaschine lediglich Zeichenketten vergleicht, ohne Wortumbildungen vorzunehmen oder fremdsprachliche Varianten einzubeziehen (→ Die Recherche).

**INFO**

Wissenschaftliche Dokumente besitzen in aller Regel sogenannte Metadaten, das sind Angaben, die das Dokument formal (Autor, Titel, Erscheinungsdatum etc.) und inhaltlich (Schlagwort, Notation) beschreiben. Webseiten dagegen besitzen zumeist nur einen Seitentitel und werden von dem Suchsystem über einen Zeichenabgleich (Suchwort – Wort im Volltext) gefunden.

Der Index legt, indem er mehr oder weniger vereinfacht die Inhalte von Dokumenten abbildet, die Suchwörter fest. Je nachdem, wie viel Aufwand bei der Indizierung betrieben wird, sind die Suchergebnisse im Endeffekt besser oder schlechter. Je aufwendiger eine Suchmaschine die in den Dokumenten vorgefundenen Wörter in ihrem Index bearbeitet, desto eher erhalten Sie auch die Dokumente, in denen das von Ihnen eingegebene Suchwort andere grammatische Wendungen besitzt bzw. ausschließlich in fremdsprachiger Variante auftaucht. Von dem „Wie" der Indizierung hängt daher ganz wesentlich die Genauigkeit der Übereinstimmung zwischen Anfrage und Antwort ab

### 4.7.5 Dokumentensammlungen

Suchmaschinen bestehen, wie oben bereits festgestellt wurde, einerseits aus dem System, das den Suchprozess (Anfrage – Abgleich mit dem Index – Antwort) erlaubt, andererseits aus einer Dokumentenmenge, die im Folgenden näher betrachtet wird.

Während Webkataloge und Fachdatenbanken „vertikale" Dokumentensammlungen besitzen, weil die dort umrissenen Themenblöcke in der Tiefe erschlossen werden, finden Sie bei allgemeinen Suchmaschinen ein „horizontales", also breit angelegtes Sortiment vor. Wie bei einer sehr großen Buchhandlung wird hier zwar ungeheuer viel angeboten, aber nicht alles. Die Frage, ob der Informationssuchende über eine Suchmaschine wirklich auf jede Frage eine adäquate Antwort findet, entpuppt sich damit als eine rhetorische. Denn die Antwort lautet: nein.

Viel gravierender als die absurden Treffermengen oder die automatische Erschließung wirkt sich bei der Suche nach wissenschaftlicher Literatur die Tatsache aus, dass unzählige Quellen im WWW existieren, die von Suchmaschinen wie *Google* oder *Yahoo* gar nicht erst indiziert (gespeichert) oder zwar gespeichert, aber nicht angezeigt werden. Diese Quellen, das sind vor allem Datenbank- und (Bibliotheks-)Kataloginhalte, gehören dem sogenannten *Deep Web* an und können nur direkt über die Stelle, die diese Informationen zur Verfügung stellt, angesteuert werden.

Warum eine immense Zahl von Quellen von Suchmaschinen ignoriert wird und wie Sie trotzdem an diese Menge herankommen, erfahren Sie in den folgenden Abschnitten.

### 4.7.6 Warum Suchmaschinen nicht „alles" finden

Oftmals erntet ein Stichwort eine Trefferliste von vielen hunderttausend bis mehreren Millionen Seiten. Die Ausbeute von Suchmaschinen ist also unvorstellbar hoch, und doch fehlt eine erhebliche Menge von Seiten, die zwar im Web vorhanden sind, von den *Crawlern* jedoch übergangen werden, weil sie dort entweder vor verschlossenen Türen stehen oder weil ihnen das, was sie vorfinden, fremd ist.

Gründe, warum sich eine Vielzahl von Internetquellen dem Zugriff durch allgemeine Suchmaschinen wie *Google* entzieht:

- die Verlinkung mit anderen Webseiten fehlt und damit der Weg zu einer Quelle;
- der Betreiber einer Website verhindert absichtlich die Indizierung der Seiten, weil es sich beispielsweise um private Seiten handelt (dann steht in den Metadaten der HTML-Seite so etwas wie ein Verbotsschild für *Crawler*, die sich zumeist auch daran halten);
- der Website-Inhalt ist kostenpflichtig, nur über ein Passwort und/oder ausschließlich innerhalb eines Unternehmens zugänglich (Intranet);
- es gibt keinen Text auf der Webseite, sondern nur Bilder, Musik oder Animationen ohne Beschreibungstext;
- es gibt dermaßen viel Text, dass Teile aus tieferen Hierarchieebenen von *Crawlern* nicht mitgenommen werden;
- das benutzte Dateiformat ist nicht frei zugänglich oder der Suchmaschine unbekannt;

- die Seiten werden dynamisch aufgebaut, zum Beispiel die Trefferseiten nach einer Suchanfrage bei der Benutzung eines Bibliothekkatalogs oder einer Fachdatenbank; solche Seiten existieren nur einen Augenblick lang;
- Inhalte wie Nachrichten, Verkehrs-, Wetter- und Börsenberichte sind zu aktuell bzw. der *Crawler* ist zu langsam, um diese zeitnah in den Index aufzunehmen und anzuzeigen; *Crawler* benötigen Tage, bisweilen Wochen, bis sie neue oder aktualisierte Seiten indexieren.

Es gibt jedoch auch Seiten im *World Wide Web*, die von einer Suchmaschine zwar indiziert worden sind, aber auf der Trefferliste fehlen. Warum Seiten nicht erscheinen, kann zum Beispiel daran liegen, dass

- der Server schlicht überlastet bzw. vorübergehend unerreichbar ist,
- die Dublettenfilterung fehlerhaft ist: Eine Seite wird unterdrückt, die irrtümlicherweise als inhaltlich identisch mit einer anderen Seite identifiziert wird,
- ein Website-Betreiber unlautere Mittel anwendet, um einen besseren Platz in der Trefferliste zu ergattern, und von dem Suchmaschinenbetreiber zur Strafe aus dem Index genommen wurde („Web-Spamming“, das ist z.B. eine Anhäufung von Suchwörtern versteckt durch den „Weiße Schrift auf weißem Hintergrund“-Trick),
- das Suchwort einfach anders geschrieben ist als in der Quelle,
- in manchen Ländern unliebsame oder rechtswidrige Seiten durch Zensur unterbunden sind.

### 4.7.7 Das *Deep Web*

Es wird davon ausgegangen, dass das *Deep Web* wesentlich größer ist als das im Gegenzug sogenannte Oberflächen-Web (*Surface Web*). Bestimmte Größenangaben sind hier sicher nicht verifizierbar und können nur auf groben Schätzungen basieren, entsprechend sind die Angaben auch äußerst unterschiedlich: So spricht *BrightPlanet* davon, dass das *Deep Web* etwa 500mal größer sei als das Oberflächen-Web (http://www.brightplanet.com/the-deep-Web/deep-Web-faqs/). Wie dem auch sei, interessant bleibt, *dass* das *Deep Web* sehr viel größer ist als das Oberflächen-Web. Aber was ist denn nun das *Deep Web*?

Unter *Deep Web* wird gemeinhin der komplette Inhalt des *World Wide Web* verstanden, der für große Suchmaschinen wie *Google*, *Yahoo* oder *Bing* aus oben genannten Gründen verschlossen bleibt. Diese Inhalte können Sie, sofern sie frei zugänglich sind, nur direkt über die entsprechende Internetadresse oder über den Namen der Website erreichen, was voraussetzt, dass Sie diesen Namen kennen. Um beispielsweise an den Bestand einer bestimmten Bibliothek zu gelangen, müssen Sie den Namen der Bibliothek (oder zumindest ihren Ort) kennen. Über die Suchmaschine kommen Sie dann auf deren Website und von dort aus auf den Online-Katalog.

**TIPP**

Da Suchmaschinen nur einen Bruchteil aller Internetquellen abdecken und jeweils ganz unterschiedliche Inhalte finden und indexieren, sollten Sie immer mehr als eine Suchmaschine oder eine Metasuchmaschine benutzen.

Großenteils handelt es sich bei den *Deep Web*-Inhalten um wissenschaftlich bedeutende Informationsbündelungen wie Fachdatenbanken oder thematische Linkverzeichnisse, um spezielle Datenformate (Bilder, Musik, Multimedia) sowie um Websites, die dynamisch generiert werden, sobald eine Anfrage erfolgt, um danach wieder zu verschwinden, ohne gespeichert worden zu sein.

**INFO**

Das *Deep Web* ist voller wissenschaftlich relevanter Inhalte, die Sie keinesfalls vernachlässigen und bei der Recherche nach fachlicher Information übergehen dürfen. Sie müssen Online-Bibliothekskataloge und Datenbanken nutzen, weil Sie auf diese Verweise bzw. Bestände über Suchmaschinen nicht herankommen.

Von „tief“ und „oberflächlich“ bezüglich des WWW zu sprechen ist natürlich Behelf, wenn auch eine schöne Analogie zum Meer, in dessen Tiefe es noch unendlich viel zu entdecken gibt. Das *Deep Web* wird lediglich auf eine andere technische Weise bzw. von verschieden konditionierten *Crawlern* erschlossen. Das ist das ganze Geheimnis. Oftmals wird auch vom *Invisible Web*, vom „unsichtbaren“ Netz, gesprochen. Diese Bezeichnung ist ebenfalls etwas wackelig, da die Inhalte des *Deep Web* nicht „unsichtbar“ im Web herumgeistern, sondern aus oben genannten Gründen für die klassischen Suchmaschinen unfassbar sind oder von ihnen ignoriert werden.

Allerdings ist ein Trend insofern auszumachen, als die Web*Crawler* kontinuierlich weiterentwickelt werden und damit zu rechnen ist, dass sie zunehmend frei zugängliche Datenbestände aus dem *Deep Web* wie beispielsweise Fachdatenbanken erschließen werden. Noch sind es jedoch die Spezialsuchmaschinen, die den „großen Rest“ des (frei zugänglichen) *World Wide Web* zugänglich machen.

### 4.7.8 Spezialsuchmaschinen

Es gibt spezielle Suchdienste, die eingesetzt werden, um an möglichst viele *Deep Web*-Inhalte zu gelangen. Generell sind deren Datenbanken oft wesentlich kleiner, da nur bestimmte Webseiten indiziert werden. Diese Suchmaschinen beschränken ihr Angebot auf ausgewählte Fach- oder Themengebiete, sie führen zu wissenschaftlichen Webinhalten, brandaktuellen Informationen oder zu Seiten, die in speziellen Datenformaten abgespeichert sind.

Beispiele für Spezialsuchmaschinen

- Yasni.de: Personensuche
- Wissen.de: Wörterbücher und Lexika
- Google Scholar: wissenschaftliche Inhalte
- Paperball: Nachrichtenplattform
- Flickr: Bildersuche
- Google Maps: Karten, Routenplaner
- Technorati: Blogs in Echtzeit
- Find Sounds: Töne, Laute, Geräusche
- YouTube: Videos

Ziehen Sie wissenschaftliche Spezialsuchmaschinen den allgemeinen Suchmaschinen in jedem Fall vor, wenn Sie mehr wollen als einen Einblick in einen politikwissenschaftlichen Themenbereich, konkrete Informationen auf Websites politischer oder sozialer Organisationen oder die Definition eines Fachbegriffs. Sie eignen sich besser für die Literatursuche bei speziellen Fragestellungen und der tiefergehenden Bearbeitung eines Gegenstandes.

Bei Spezialsuchmaschinen können Sie relativ sicher sein, dass Sie auf Seiten stoßen, die aufgrund ihrer fachlichen Relevanz indiziert und aufbereitet worden sind, die gewisse Qualitätsmerkmale erfüllen und einigermaßen ballastfrei sind. In der Regel bieten Spezialsuchmaschinen zudem vielfältigere Suchmöglichkeiten an, als Sie sie bei den allgemeinen Suchmaschinen vorfinden.

**TIPP**

Nutzen Sie für deutsche Themen einen nationalen Suchdienst, da es etwas anderes ist, ob ein Land von innen oder von außen durch ein anderes Land behandelt und erschlossen wird. Im ersteren Fall geschieht die Erschließung in der Regel gründlicher.

Suchmaschinen (Auswahl):

*BASE Bielefeld Academic Search Engine*
http://base.ub.uni-bielefeld.de
*Google Scholar*
http://scholar.google.de/
*Scirus*
http://www.scirus.com/
*HuriSearch (Human Rights Search)*
http://www.hurisearch.org/
*Ask*
http://ask.com/

### 4.7.9 Metasuchmaschinen

Suchmaschinen finden und indexieren jeweils ganz unterschiedliches Material, vor allem, wenn es sich um Spezialsuchmaschinen handelt. Damit Sie nicht sämtliche Suchmaschinen nacheinander absuchen und deren Ergebnisse vergleichen müssen, wurden Meta-Suchmaschinen entwickelt. Diese besitzen selbst keinen Datenindex, sondern nähren sich aus Datenbankinhalten mehrerer Suchmaschinen. Auch bearbeiten sie eingehende Suchanfragen nicht selbst, sondern geben diese an andere Suchmaschinen weiter und fassen deren Ergebnisse in einer (zwischengespeicherten) Liste zusammen, die Sie dann zu Gesicht bekommen. Die einzige Arbeit, die Metasuchmaschinen leisten, ist die Umwandlung jeder Suchanfrage in die Suchlogik der verschiedenen Suchmaschinen.

Der große Vorteil einer Meta-Suche liegt in der einheitlichen Syntax der Anfrage, der Fülle an Fundorten und der Geschwindigkeit des sogenannten Retrievalprozesses. Ein Nachteil kann mitunter die hohe Trefferzahl sein. Gute Metasuchmaschinen filtern aus der Liste Dubletten heraus und sortieren die Treffer nach Relevanz. Schauen Sie sich immer an, welche Suchmaschinen abgesucht werden, ob nicht eine wichtige fehlt. Oft können Suchmaschinen aus- oder abgewählt werden. Nutzen Sie diese Möglichkeit.

Wo Vorteile gepriesen werden, sind Einschränkungen meist nicht weit: Tatsächlich hängt die Güte von Metasuchmaschinen entscheidend ab vom kleinsten gemeinsamen „Suchmöglichkeits-Nenner“ der einzelnen von ihr abgesuchten Suchmaschinen. Das bedeutet für Sie, dass Sie für eine akribische Recherche eben doch wieder auf die einzelne Suchmaschine zurückgreifen sollten, die ihre eigenen, in der Regel sehr viel detaillierteren Recherchemöglichkeiten bietet. Als Faustregel kann gelten: Für einen groben Überblick ist die Metasuchmaschine, für die gründliche Suche die (Spezial-) Suchmaschine geeignet, die Sie bei Ihrer Meta-Suche gegebenenfalls ausfindig gemacht haben.

Metasuchmaschinen (Auswahl):

*MetaGer*
http://metager.de/
*Metager2*
http://metager2.de/
*MetaCrawler*
http://meta*Crawler*.de/
*Dandelon*
http://www.dandelon.com/
*Search.com*
http://www.search.com/

*Yippy*
http://search.yippy.com/
*PolyMeta*
http://www.polymeta.com/
*OAIster*
http://www.oclc.org/oaister/
*Scour*
http://scour.com/
*Suchmaschinen Datenbank*
http://www.suchmaschinen-datenbank.de/
*Klug suchen*
http://www.klug-suchen.de

### 4.7.10 Die Qualität von Suchmaschinen

In der Regel erfolgt durch allgemeine Suchmaschinen keine Qualitätskontrolle der gefundenen Dokumente. Sie müssen daher selbst beurteilen, ob ein Treffer vertrauenswürdig und damit wissenschaftlich verwertbar ist (→ 8 Literatur bewerten). Wie für die Dokumente selbst lohnt es sich, auch für die Suchmaschinen einige Qualitätskriterien im Hinterkopf zu behalten und sich mit diesen gelegentlich einmal zu befassen. Einige Kriterien sind:

- In welchen zeitlichen Intervallen werden Dokumente aus dem Internet eingesammelt und aktualisiert?
- Wie sorgsam werden die gespeicherten Daten erschlossen?
- Wie differenziert sind die Suchmöglichkeiten?
- Wie wird die Anzeige der Treffer bestimmt? Erfolgt das Ranking nach dem Datum, der Häufigkeit der Suchwörter im Dokument, der Häufigkeit des Abrufens einer Website oder auf andere Art? Kann das Ranking selbst bestimmt werden?
- Sind die Dokumente genügend beschrieben (über Metadaten und einen Beschreibungstext)?

Informationen hierzu erhalten Sie in der Regel in den „About“-, „Über XY“- oder den FAQ-Seiten (FAQ = *Frequently Asked Questions*) von Suchmaschinen. So gibt z.B. die wissenschaftliche Suchmaschine BASE in „Über BASE“ sowie „FAQ“ sehr ausführlich über ihren Dienst und ihre Vorgehensweise Auskunft (http://base.ub.uni-bielefeld.de/de/index.php). Unter anderem erfährt der Nutzer dort, dass BASE seine Quellen jedes Wochenende aktualisiert und ergänzt, und sie „in größeren Abständen“ komplett neu aus dem WWW holt.

Wenn Sie mehr über Suchmaschinen, automatische Indizierung und Ranking wissen wollen, finden Sie Informationen über folgende Adressen:

*Klug suchen*
http://www.klug-suchen.de
*Sucharchiv*
http://www.sucharchiv.com/
*Suchfibel*
http://www.suchfibel.de/
*Suchmaschinentutorial der UB Bielefeld*
http://www.ub.uni-bielefeld.de/biblio/search/
*Informationsbeschaffung im Internet*
http://swisseduc.ch/informatik/internet/internet_recherche/docs/infobeschaffung.pdf

# 5 Welchen Weg schlage ich ein? Suchstrategien



Sie haben bereits überlegt, welche Breite und Tiefe dem Thema angemessen ist, das Sie recherchieren und bearbeiten wollen, und wie viel Zeit Sie für Ihre wissenschaftliche Arbeit investieren wollen bzw. müssen. Sie wissen, welche Art von Quellen es gibt, und kennen sich nun mit Informationsmitteln aus. Im nächsten Schritt geht es darum, wo und auf welchem Wege Sie Literatur suchen. Wie also anfangen? Es gibt mehrere Richtungen, die Sie einschlagen können, um Ihr Ziel, an geeignete Literatur zu gelangen, zu erreichen: Neben dem Sichten der Literaturlisten von Dozentinnen/Dozenten können Sie sich für eine der beiden klassischen Suchstrategien entscheiden oder beide kombiniert anwenden: die unsystematische Schneeballsuche und die systematische Suche.

## 5.1 Literaturlisten

Häufig versorgen Ihre Dozentinnen und Dozenten Sie mit einer speziell angefertigten Literaturliste zu dem Thema oder Themenkomplex der jeweiligen Lehrveranstaltung. Je nachdem, wie lang und spezifisch diese Liste ist, reicht sie – zumindest zu Beginn des Studiums – für ein Referat oder eine Hausarbeit aus. Dennoch: Üben Sie sich von Anfang an in der Recherche, denn in höheren Semestern wird von Ihnen verlangt, dass Sie selbstständig nach Literatur suchen. Je eher Sie sich mit der Kunst des Recherchierens befassen, und dies nicht nur theoretisch, sondern vor allem praktisch, desto einfacher wird Ihnen später die Suche von der Hand gehen. Bei Problemen oder Fragen stehen Ihnen neben den Dozentinnen/Dozenten auch das Bibliothekspersonal oder die Fachreferentin/der Fachreferent zur Verfügung.

## 5.2 Die Schneeball-Suche

Jede wissenschaftliche Arbeit ist in einen Forschungszusammenhang eingebunden, weil die Verfasser stets auf bereits vorhandene Arbeiten zu demselben oder einem ähnlichen Thema zurückgreifen und sich argumentativ und diskursiv auf diese beziehen. Die sogenannte Schneeballsuche macht sich genau diese Tatsache zunutze.

Wie diese klassische Suche zu ihrem Namen kommt, ist schnell erklärt: Die Literaturliste wächst wie ein Schneeball, der durch den Schnee gerollt wird. Sie beginnen mit einem aktuellen, für das Forschungsthema einschlägigen Werk (Nachschlagewerk, Monografie oder Fachartikel) und sichten dort die Literaturangaben. Die Literatur, die Ihnen relevant erscheint, beschaffen Sie sich und sichten dort wiederum die Literaturlisten, suchen passendes Material und besorgen es sich.

Naturgemäß nimmt bei dieser Vorgehensweise die Quellensammlung rasch zu, bald werden Sie jedoch feststellen, dass einige Titel wiederholt auftauchen. Im Allgemeinen können Sie davon ausgehen, dass ein Titel zur Standardliteratur gehört, je öfter er auftaucht. Bleiben Sie trotzdem stets kritisch: Das häufige Auftauchen eines bestimmten Werkes muss kein Indikator für Relevanz sein, denn bei Ihrem Schneeballspiel wandeln Sie immer auf den Pfaden anderer Autoren und wissen nichts über deren Sorgfalt bei der Suche und ihre Motivation bei der Literaturauswahl. Auch zitieren sich die Fachautoren gerne gegenseitig – oder eben vorsätzlich nicht! – und bilden so etwas wie Zitierzirkel. Es muss Ihnen also klar sein, dass unter Umständen andere Forschungsrichtungen bewusst beiseite gelassen werden.

Bei der Schneeballsuche ist der Ausgangspunkt enorm wichtig, da sie methodisch bedingt in die Vergangenheit führt, in die Welt der Publikationen, die vor der Ausgangspublikation bereits existierten. Daher müssen Sie, haben Sie nicht zufällig die allerneuste Publikation vorliegen, die fehlende Zeit bis zur Gegenwart nachrecherchieren.

## 5.3 Die systematische Suche

Die Schneeballsuche kann zwar effektiv sein, ist aber unsystematisch und für eine gründliche wissenschaftliche Untersuchung unzureichend. Besser ist es dann, Sie fahnden systematisch nach Literatur, indem Sie zielgerichtet und konsequent sämtliche in Frage kommenden Recherchemittel befragen: den Online-Katalog der Bibliothek, gedruckte und elektronische Bibliografien, Nachschlagewerke, Linklisten, Webkataloge, Fachdatenbanken, Spezial- und Metasuchmaschinen sowie Fachportale, ggf. auch den Zettel- oder Mikrofiche-Katalog – je nach Ihrem Thema und dem Zweck, den Ihre Arbeit erfüllen soll (→ 1.3 Der Zweck Ihrer Arbeit). Für die systematische Suche benötigen Sie nicht nur treffende Suchwörter, sondern auch ein Wissen um Suchmöglichkeiten, die Ihnen insbesondere von elektronischen Informationsmitteln angeboten werden. Im folgenden Kapitel wird sich daher alles um Suchbegriffe drehen: wie man sie findet, welche es gibt, wie sie eingesetzt und kombiniert werden können.

# 6 Wie suche ich? Die Recherche



„Wann und wo findet die nächste Klimakonferenz statt?" Ganz so weit, dass Sie sämtliche Suchanfragen in natürlicher Sprache an eine Suchmaschine stellen können, ist die Technik noch nicht; mit der Entwicklung semantischer, also bedeutungserschließender Suchmaschinen gibt es zwar Ansätze dazu – beispielsweise können Sie die Suchmaschine *Ask* „natürlich" befragen (vornehmlich in englischer Sprache), dennoch hat es seine Grenzen, einer Suchmaschine das Denken beizubringen. Solange wir es also diesbezüglich (noch?) mit Science-Fiction zu tun haben, dürfen/müssen Sie selbst denken und geeignete Suchbegriffe für die Literatursuche mit elektronischen Informationsmitteln finden.

**INFO**

Mit semantischen Suchmaschinen wird versucht, eingegebene natürlich-sprachige Fragestellungen von ihrer Bedeutung her zu erfassen und auf dieser Grundlage entsprechende Antworten aus dem Datenbestand herauszufiltern. Während eine gewöhnliche Suchmaschine beispielsweise das „Wann" und „Wo" der Eingaben „Wann ist Max Weber geboren" und „Wo ist Max Weber geboren" nicht versteht bzw. (als Stoppwörter) ignoriert, weil sie einen Zeichenabgleich vollzieht, registriert eine semantische Suchmaschine idealerweise den Bedeutungsunterschied der Fragestellungen. Folgerichtig bestünde die Antwort aus einzelnen Aussagen, die die Frage direkt beantworten und nicht aus einer Liste von Dokumenten, in denen die Begriffe „Max Weber" und „geboren" vorkommen. Noch steht die semantische Suchmaschine auf experimentellen Füßen, und ihre mögliche Leistung hängt auch von der weiteren Entwicklung des sogenannten semantischen Web ab, mit dem versucht wird, das *World Wide Web* bedeutungserschließend zu strukturieren.

## 6.1 Suchbegriffe finden



Für die Suche in Katalogen, Datenbanken und Suchmaschinen benötigen Sie exakt auf Ihr Thema zugeschnittene Suchbegriffe, wenn Sie passendes und überschaubares Material finden wollen. Das Aufspüren sachgemäßer Kernbegriffe ist von elementarer Bedeutung, da sich deren Einsatz für die Recherche erheblich auf die Literaturmenge auswirken kann, die Sie finden werden: auf ein (zu) Viel oder (zu) Wenig. Um brauchbare Kernbegriffe ausfindig zu machen, müssen Sie sich eingehend mit Ihrem Thema befassen.

### 6.1.1 Das Thema analysieren

Schlüsselbegriffe als Extrakt eines Gegenstands finden Sie, indem Sie Ihr Thema präzisieren und analysieren. Wie eng bzw. weit soll der zu untersuchende Gegenstand, soll die zu beantwortende Fragestellung gefasst sein? Welche Ideen und Aspekte gilt es zu berücksichtigen, zu vernachlässigen oder auszuschließen? Formulieren Sie Ihr Thema sorgfältig und konkret. Zerlegen Sie es anschließend in Einzelteile und formen Sie die Fragmente in Fragen und Thesen um. Strukturieren Sie Ihr Thema. Extrahieren Sie Schlüsselwörter, auf die Sie bei Ihrer Vorarbeit gestoßen sind, und ergänzen Sie diese mit verwandten Begriffen; ordnen Sie Ober- und Unterbegriffe und überlegen Sie, ob Synonyme oder fremdsprachige Äquivalente berücksichtigt werden könnten oder sogar sollten.

**TIPP**

Nach Synonymen schauen können Sie z.B. bei *OpenThesaurus* (http://www.openthesaurus.de/), *Woxikon* (http://synonyme.woxikon.de/) oder *Synonyme.de* (http://www.synonyme.de). Das *Woerterbuch.info* übersetzt deutsche Wörter in Englisch, Französisch, Spanisch und Italienisch (http://www.woerterbuch.info/).

Nutzen Sie für die Themenfindung und Gegenstandsanalyse, aus denen sich schließlich die Suchbegriffe herauskristallisieren, kreative Techniken wie Brainstorming, Mind Mapping oder Wortnetze. Die Zeit, die Sie in diese Arbeit investieren, ist gewonnene Zeit: Je treffender schließlich Ihre Suchbegriffe sind, desto weniger ausufernd ist am Ende die Suchwortliste, mit der Sie arbeiten, und desto zielsicherer die Suchanfrage.

**TIPP**

Wenn Sie kreativen Schreibtechniken aufgeschlossen sind, empfehle ich Ihnen die Publikationen des Philosophen und Schreiblehrers Lutz v. Werder, in denen er sich explizit auf das akademische Schreiben und Lesen bezieht, teils fachbezogen: Werder, Lutz v., et al.: Wissenschaftliches Lesen und Schreiben. Berlin: Schibri-Verlag, 2000; Ders.: Kreatives Schreiben in den Wissenschaften. Berlin: Schibri-Verlag, 1995.

Unterstützen Sie Ihren Wortfindungsprozess unbedingt durch ein Hinzuziehen von politischen Wörterbüchern, Fachlexika, Klassifikationen und Fachthesauri. Einen Teil dieser Hilfsmittel kann der eigene Handapparat abdecken.

### 6.1.2 Exkurs: Der eigene Handapparat

Für die Wortsuche und generell für das wissenschaftliche Arbeiten sollten Sie sich einen kleinen Handapparat zusammenstellen, also käuflich erwerben. Spezielle Grundlagen- oder Nachschlagewerke auszuleihen ist zwar begrenzt möglich, aber unzweckmäßig, da diese am Arbeitsplatz stets zur Hand sein sollten. Deshalb rate ich Ihnen, sich einen eigenen kleinen Handapparat zuzulegen. Dieser könnte etwa so aussehen:

- ein politisches Wörterbuch/Fachlexikon
- ein Handbuch/Standardlehrbuch der Politikwissenschaft
- das Grundgesetz

Je nach Studienschwerpunkt:

- ein Wörterbuch/Lexikon der politikwissenschaftlichen Teildisziplin
- ein Rechtswörterbuch
- ein Wirtschaftslexikon
- ein (staats-)philosophisches Lexikon/Wörterbuch

Des Weiteren können sich folgende Hilfsmittel für das Schreiben von Haus- oder Examensarbeiten an Ihrem Arbeitsplatz befinden:

- A.M. Textor: Sag es treffender. Ein Handbuch mit über 57 000 Verweisen auf sinnverwandte Wörter und Ausdrücke für den täglichen Gebrauch. Rowohlt Taschenbuch Verl.: Reinbek bei Hamburg, 2006
- Aktueller Rechtschreib-Duden (evtl. eine Grammatik)
- eventuell ein Fremdwörter- und Synonymlexikon

In den Handapparat einbeziehen können Sie auch Online-Nachschlagewerke, die Sie auf Ihrem PC zu „Favoriten“ machen. Bedenken Sie jedoch, dass der Griff zum real existierenden Buch durchaus Vorteile hat: Das Buch muss nicht hochgeladen werden, stürzt nicht ab und ist nicht lizenziert. Was übrigens die Aktualität betrifft, so gehen die Gleichungen *online = aktuell* und *gedruckt = veraltet* nicht grundsätzlich auf: Veralten können beide Varianten! Schauen Sie nicht nur im Buch nach dem Erscheinungsjahr, sondern auch auf Webseiten nach dem letzten Änderungsstand (und Sie werden staunen, wie viele „Leichen“ es im WWW gibt). Achten Sie darauf, dass Ihr Handapparat so aktuell wie möglich ist, damit Sie die Literaturverweise nutzen können.

Für die ausschließlich elektronisch verfügbaren Informationsmittel richten Sie einen elektronischen „Handapparat“ ein, der sich auf Wesentliches beschränken sollte. Der Opera-Browser bietet z.B. schöne Möglichkeiten, eine übersichtliche Seite mit nützlichen Adressen bzw. dem jeweiligen Websitebild als Link anzulegen.

**TIPP**

Machen Sie die Hochschulbibliotheks-Website, die *Zeitschriftendatenbank (ZDB)*, die *Elektronische Zeitschriftendatenbank (EZB)*, das *Datenbank-Infosystem (DBIS)* die *Virtuelle Fachbibliothek Politikwissenschaft (ViFaPol)* sowie den *Karlsruher Virtuellen Katalog (KVK)* zu Favoriten bzw. Lesezeichen. Das sind in etwa die wichtigsten Adressen, die Ihren elektronischen „Handapparat" als Kern ausmachen könnte.

## 6.2 Suchwörter unterscheiden



Ein Stichwort ist ein Schlagwort – oder doch nicht? Bestimmt ist Ihnen längst aufgefallen, dass die Literatursuche mal eine Stichwort- und mal eine Schlagwortsuche oder beides erlaubt. Und natürlich gibt es einen gravierenden Unterschied zwischen „stechenden" und „schlagenden" Wörtern, den Sie kennen sollten.

### 6.2.1 Das Stichwort

Ein Stichwort ist ein Wort, das definiert wird als eine bestimmte Folge von Zeichen oder, anders formuliert, Buchstabenkette. Die Bedeutung eines Wortes spielt hier keinerlei Rolle. Wenn Sie ein Suchwort in ein Stichwort-Suchfeld eingeben, fahnden Datenbanken, Kataloge und Suchmaschinen exakt nach dieser von Ihnen eingegebenen Zeichenfolge. Abgesucht werden dabei die bibliografischen Beschreibungen der indizierten Publikationen und/oder die Texte selbst.

**INFO**

Die bibliografische Beschreibung umfasst standardisierte formale Angaben wie Verfasser, Herausgeber, Titel, Körperschaft, Verlag, Verlagsort, Erscheinungsjahr, ISBN etc. Diese Angaben stehen in einer Art Tabelle, was die Feldsuche erlaubt. Eine bibliografische Beschreibung folgt bibliothekarischen Regelwerken.

Der Knackpunkt: Wenn sich in der bibliografischen Beschreibung eines Dokumentes nicht exakt die von Ihnen eingegebene Zeichenfolge befindet, wird das Dokument nicht angezeigt, obwohl es vom Inhalt her passend gewesen wäre. Oft taucht das Suchwort im Titel gar nicht auf oder kommt als Synonym oder fremdsprachiges Wort vor. Die Stichwortsuche eignet sich daher nur bedingt für die Literatursuche. Sie ist dann sinnvoll, wenn Sie den Titel oder den Verfasser kennen oder wenn Sie breit angelegt suchen wollen.

Bei der Stichwortsuche werden Sie häufig aufgeblähte Trefferlisten in Kauf nehmen müssen. Problematisch wird es vor allem, wenn keine einschränkende Feldsuche vorhanden ist. Stellen Sie sich vor, Sie geben *Nürnberger Prozess* in den Suchschlitz ein. Was passiert? Sie erhalten neben Dokumenten zum Nürnberger Prozess sämtliche Dokumente, die in ihrer bibliografischen Beschreibung den Verlagsort *Nürnberg* angeben oder deren Verfasser *Nürnberger* heißen. Benutzen Sie deshalb die Feldsuche – wenn es sie gibt – und operieren Sie mit Verknüpfungen, mit denen Sie die Treffermenge präziser gestalten können und die im nächsten Kapitel erklärt werden (→ 6.3.6 Boole'sche Operatoren). Versuchen Sie es außerdem mit Synonymen, Begriffsvarianten sowie veralteten oder alternativen Schreibweisen.

Bedenken Sie zudem, dass es Texte gibt, in denen Ihr Suchwort zwar vorkommt, aber mit einer anderen als der von Ihnen gewünschten Bedeutung: Es handelt sich hierbei um Homonyme oder „Teekesselchen“-Wörter wie „Diäten“ (Abgeordnetenbezüge/Schonkost-Varianten) oder „Steuer“ (Abgabe/Lenkrad). Bestimmte Sachverhalte oder Themenzuordnungen lassen sich weitaus besser über Schlagworte vermitteln.

### 6.2.2 Das Schlagwort

Bessere Ergebnisse erhalten Sie in der Regel über die Suche mit Schlagwörtern, die ein Dokument inhaltlich wiedergeben. Insbesondere gilt dies bei der Volltextsuche. Schlagworte sind so genanntes *kontrolliertes Vokabular*: Fachleute wie Bibliothekare ordnen jedem Dokument, das in eine Datenbank eingespeist wurde, Wörter zu, die dessen Inhalt so treffend wie möglich beschreiben. Diese Art der inhaltlichen oder sachlichen Erschließung heißt im bibliothekarischen Fachjargon etwas unschön *Verschlagwortung*. Der große Vorteil der intellektuellen Erschließung liegt auf der Hand: Die Datenbank oder Suchmaschine findet relevante Dokumente auch dann, wenn das eingegebene Suchwort darin überhaupt nicht als Buchstaben- oder Zeichenfolge auftaucht oder der Text in einer anderen Sprache verfasst ist. Nebenbei: Längst wird über spezielle Algorithmen versucht, diese Art der handverlesenen Literaturerschließung nachzuahmen; noch reicht diese automatische Erschließung nicht an die Qualität der intellektuellen heran, wobei es auch hier Unterschiede gibt – schließlich sind Menschen am Werk. Dies im Hinterkopf zu behalten, schadet nicht.

**TIPP**

Das Ziel bei der Literatursuche sollten immer kleine Ergebnismengen sein, die präzise zu Ihrer Fragestellung passen!

Die Schlagworte einer Datenbank befinden sich als *Vorzugsbezeichnungen* in einer alphabetisch geordneten Liste. Begriffsvarianten wie Synonyme, fremdsprachige, verwandte Wörter oder untergeordnete Begriffe verweisen dabei auf die Schlagworte, die die zugelassenen Suchwörter sind. Deshalb setzt die Literatursuche ein gewisses Maß an Kenntnis der Fachtermini voraus. Enorm hilfreich ist es, wenn eine Schlagwortliste durchgesehen werden kann. Leider erlauben dies die wenigsten Datenbanken. Behelfen kann man sich hier beispielsweise, indem man sich die Schlagworte eines „hochrelevanten" Treffers ansieht und mit diesen Begriffen weitersucht.

**TIPP**

Mit einer einfachen Stichwortsuche erhalten Sie mitunter brauchbare Schlagwörter, die Sie wiederum als Stichwort benutzen können; auf diese Weise kann eine Suche zunehmend präzisiert werden.

Der große Vorteil der Schlagwortsuche im Vergleich zur Stichwortsuche ist, dass die Suche weit gezielter erfolgen kann. Es erscheint kein Dokument als Treffer, nur weil das Suchwort in dessen bibliografischer Beschreibung oder im Text als Zeichenfolge auftaucht, der Text jedoch einen anderen Gegenstand zum Inhalt hat. Nachteilig auf die Suche in einer Datenbank wirkt sich dagegen aus, wenn unvollständig indiziert oder Schlagworte schlampig oder gar nicht vergeben wurden. Vergessen wir nicht, dass der Index „von Hand", also von Menschen mit Fehlern und Schwächen angelegt und gepflegt wird. Bei einer breit angelegten Suche oder zu wenigen Treffern sollten Sie zusätzlich eine Stichwortsuche durchführen.

**INFO**

Zahlreiche Bibliotheken benutzen für die Sacherschließung die Schlagwortnormdatei (SWD), die die Deutsche Nationalbibliothek zusammen mit einigen Bibliotheksverbünden verwaltet. Die Aufnahme von Schlagwörtern regelt ein Schlagwortkatalog (RSWK: Regeln für den Schlagwortkatalog).

### 6.2.3 Tags

Ein Tag ist ein Schlagwort im sogenannten *social net*, das nicht reglementiert ist, sondern „intuitiv" von den Autoren und Benutzern vergeben wird: Mit Tags „etikettieren" die Benutzer ganz individuell Blogeinträge, soziale Lesezeichen oder ein Foto, um andere bei der Suche nach Informationen zu unterstützen. Ein auf diese Weise zustande gekommener Index, auch *folksonomy* genannt, erscheint fragmentarisch zumeist in Form einer Wolke, in der das populärste Suchwort typografisch am größten und fett dargestellt wird. Das gemeinschaftliche Erschließen von Informationsräumen verteilt nicht nur die mühsame intellektuelle Indizierungsarbeit auf viele Helfer; es lässt zudem auch andere Sichtweisen auf ein Thema durch die freie Vergabe von Tags zu.

Tagging kann von großem Nutzwert sein, da in der Regel diejenigen die Tags vergeben, die sich mit dem jeweiligen Thema befassen, die Inhalte also auch selbst nutzen und ihr fundiertes Wissen einbringen. Hier liegen durchaus Vorteile gegenüber der kontrollierten Verschlagwortung, der eben durch die Kontrolle mehr oder weniger Grenzen gesetzt sind. Andererseits birgt die vogelfreie Inhaltserschließung große Probleme lexikalischer oder semantischer Art in sich, denken Sie an Synonyme, Homonyme, grammatische Endungen oder (fremd-)sprachliche Varianten, die die Suche wiederum erschweren können. Zudem bleibt letztlich verborgen, was sich der Tagger bei der Vergabe der Schlagwörter gedacht hat. Aus diesem Grund verstärken sich die Bemühungen im „sozialen Netz", die willkürliche Erschließung durch Regeln zu bändigen. In einem gemeinschaftlich vergebenen, kontrollierten Vokabular steckt daher noch großes Potenzial.

## 6.3 Suchwerkzeuge



Kataloge, Datenbanken und Suchmaschinen speichern und verwalten große Datenmengen, filtern auf Anfrage kleine Dateneinheiten heraus und präsentieren sie in einer Trefferliste. Literatur kann gesucht, gefunden und angezeigt werden, weil diese elektronischen Datensammlungen mit speziellen Funktionen ausgerüstet sind.

Wie nützlich ein Informationsmittel generell für die Recherche ist, hängt wesentlich von dem Umfang und der Gestaltung seiner Suchfunktionen ab; welchen Nutzen es für Sie persönlich haben kann, ist bestimmt durch den Grad Ihrer Fertigkeit, mit den angebotenen Suchmöglichkeiten angemessen umzugehen. Wenn Ihre Ergebnisse nicht Ihren Erwartungen entsprechen, liegt es entweder an einer mangelnden Ausgestaltung der Suchfunktionen des jeweiligen Informationsmittels oder aber an Ihnen: Je besser Sie die Fähigkeit beherrschen, mit Suchfunktionen zu operieren, desto präziser werden die Rechercheergebnisse sein. Voraussetzung dafür ist, dass Sie zumindest die gängigen Suchfunktionen mitsamt ihren jeweiligen Leistungen und Schwächen kennen. Schauen wir uns diese deshalb näher an.

### 6.3.1 Einfache Suche

Mit der einfachen Suche oder der *simple search* sind Feldsuche und Freitextsuche gemeint. Von einer Feldsuche wird gesprochen, wenn der Suchbegriff in ein klar definiertes Feld eingegeben wird, zumeist ein Titel- oder Stichwortfeld. Über welche formalen und inhaltlichen Kategorien abgesucht werden kann, ist von Datenbank zu Datenbank (oder Katalog) unterschiedlich.

**INFO**

Eine formale Suche umfasst Kategorien wie Verfasser, Herausgeber, Titel, Körperschaft, Verlag, ISBN und so fort (formale Kriterien); die thematische Suche meint die Suche mit Schlagwort, Klassifikation oder einem Thesaurus (inhaltliche Kriterien).

Meist gibt es bei der einfachen Suche ein kleines Auswahlmenü als *Dropdown*, dem Sie die durchsuchbaren Kategorien entnehmen bzw. eine von ihnen auswählen können. Kennen Sie den Titel des gewünschten Dokuments, können Sie dann beispielsweise im Titelfeld suchen; wollen Sie wissen, welche Publikationen ein bestimmter Autor veröffentlicht hat, suchen Sie im Verfasserfeld.

Schauen Sie, welche Suchkategorien ein Informationsmittel anbietet und überlegen Sie, welche(s) davon am ehesten zum Ziel führt/führen. Nicht sehr effektiv ist es, auf Verdacht eine Titelstichwortsuche zu starten, nur weil Sie annehmen, dass im Titel ein bestimmtes Wort oder eine Phrase vorkommt, etwa „Arabischer Frühling". Dies kann höchstens eine zusätzliche Option sein, wenn eine Schlagwortsuche sowie andere Möglichkeiten ausgeschöpft sind und keine oder zu wenige Treffer erbracht haben.

Die Freitextsuche oder auch „freie Suche" unterscheidet sich von der einfachen Feldsuche darin, dass die Datenbank oder der Katalog nur ein einziges Suchfeld für den Benutzer bereithält und im Hintergrund sämtliche bibliografischen Daten und/oder den Volltext nach dem eingegebenen Suchbegriff durchforstet. Der Vorteil hierbei ist, dass ohne Ihr Zutun alle Kategorien durchsucht werden, die ihr gewähltes Informationsmittel besitzt, und Sie Dokumente finden, die Sie mit einer einfachen

Feldsuche eventuell nicht gefunden hätten. Allerdings hängt hier das Suchergebnis – neben der Wahl Ihres Suchbegriffs – stark ab von der Aufbereitung des Datenbestands eines Katalogs oder einer Datenbank.

Der Nachteil der Freitextsuche ist, dass möglicherweise viel Ballast auf der Trefferliste erscheint: Geben Sie beispielsweise *Köln* ein, erhalten Sie Dokumente, die im Titel das Wort *Köln* enthalten, aber auch Literatur, die in Köln erschienen ist (Erscheinungsort-Feld), sowie Dokumente, in deren Text der Name dieser Stadt lediglich erwähnt wird. Mitunter wird Ihnen eine Wahl bestimmter Kategorien mittelbar ermöglicht durch voranzustellende Feldnamenkürzel wie TIT (Titel) oder AU (Autor), beispielsweise „TIT: Familienpolitik". Sehen Sie in der Hilfefunktion von Datenbanken nach, ob eine solche Kategorienbegrenzung angeboten wird und welche Kürzel jeweils verwendet werden müssen (Syntax).

### 6.3.2 Erweiterte Suche

Die sogenannte Expertensuche oder *advanced search* eröffnet Ihnen die Möglichkeit, präziser zu suchen, als es die einfache Suche erlaubt. Bei der erweiterten Suche finden Sie mehrere Felder unterschiedlicher formaler und inhaltlicher Kategorien vor, über die Sie Ihre Suche eingrenzen oder ausweiten können, indem Sie mit Hilfe der Boole'schen Operatoren die Eingabefelder gezielt miteinander kombinieren oder bewusst ausschließen.

**INFO**

Es ist sehr von Vorteil, wenn Sie sich angewöhnen, grundsätzlich die erweiterte Suche benutzen. Datenbanken und Kataloge bieten diese gut sichtbar an, bei Suchmaschinen ist sie manchmal ein wenig „versteckt".

Sie können Ihre Suche beispielsweise auf einen bestimmten Dokumententyp oder auf einen Erscheinungszeitraum von Publikationen eingrenzen. Mit den Boole'schen Operatoren können Sie sowohl Suchbegriffe als auch Felder miteinander verknüpfen (→ 6.3.6 Boole'sche Operatoren). Die Suchmaschine oder Datenbank übersetzt die Anfrage dann in ihre eigene Syntax. Einige Suchsysteme verlangen jedoch bei der Suchanfrage eine bestimmte vorgegebene Abfragesyntax; wie diese sich gestaltet, erfahren Sie aus dem jeweiligen Hilfetext.

### 6.3.3 Indizes

Mitunter finden Sie in Datenbanken und Bibliothekskatalogen ein alphabetisches Namen-, Titel- oder Stichwortregister vor, dem Sie mögliche Suchbegriffe (Schlagwörter, Verfassernamen etc.) entnehmen können. Es erleichtert die Suche ungemein, wenn Sie wissen, welches Wort in einem elektronischen Recherchemittel explizit als Suchbegriff ausgewiesen ist, ob Sie es im Singular, Plural oder in sonstigen Varianten benutzen können, welche inhaltlich nahe stehenden Begriffe es gibt oder wie die exakte Schreibweise eines Wortes oder Namens ist. Also stöbern (*browsen*) Sie in solchen Registern, wenn sie Ihnen angeboten werden! Insbesondere ein Schlagwort-Index leistet gute Hilfestellung bei der Fahndung nach dem richtigen Suchwort.

### 6.3.4 Thesaurus

Weiter als diese Indizes gehen die Thesauri. Das Wort *Thesaurus* mit der latinisierten Endung stammt aus dem Griechischen (thesauros) und bedeutet so viel wie „Schatz“ oder „Schatzhaus“. In ihm repräsentieren sogenannte Deskriptoren (Schlagwörter) wissenschaftliche Fachbereiche, wobei diese nach semantischen Beziehungsstrukturen oder über Register alphabetisch erschlossen sind. Dabei handelt es sich vornehmlich um Äquivalenz-, Assoziations- und Hierarchie-Relationen.

Während Sie in einem Schlagwortverzeichnis lediglich alphabetisch blättern können, bietet ein Thesaurus gezielte Hinweise auf weitere Suchbegriffe, weil die Begriffe durch Relationen miteinander verbunden sind. Es werden Ober- und Unterbegriffe angezeigt, die mit dem gesuchten Wort in Verbindung stehen, außerdem werden Synonyme sowie verwandte Begriffe angegeben.

**TIPP**

Nehmen Sie sich ein wenig Zeit und „blättern" Sie in einem Fachthesaurus. Es macht Sie nicht nur fachlich und begrifflich versiert, es hilft auch ungemein bei der Recherche, wenn Sie fachlich treffende Wörter als Suchbegriffe verwenden.

Beispiel: Die Schlagwortsuche mit dem Begriff *Demokratie* im *European Thesaurus on International Relations and Area Studies* ergab folgendes Ergebnis (24.01.2012):

Begriff
- Demokratie

Benutzt für
- Demokratische Herrschaft

Weitere Begriffe
- Herrschaftsform
- Politisches System

Engere Begriffe
- Direkte Demokratie
- Innerparteiliche/Innerverbandliche Demokratie
- Konkurrenzdemokratie
- Konsensdemokratie
- Repräsentative Demokratie
- Volksdemokratie

Siehe auch
- Christlich-demokratische Ideologien
- Demokratischer Sozialismus
- Demokratisierung
- Koordination durch Verhandlung/Abstimmung (Wirtschaft)
- Ökonomische Theorie der Demokratie
- Parlamentarische Opposition
- Parlamentarismus
- Politische Partizipation
- Rätesystem
- Referendum/Volksabstimmung
- Theorie der Demokratie
- Wahl/Abstimmung

Wahlkampf
Wahlrecht
Zuordnung
H.02.02 Herrschaftsform

Alle diese Wörter sind, anders als in obiger Wiedergabe, in dem Thesaurus mit einem Link versehen, der wiederum zu verwandten, über- und untergeordneten Begriffen führt. Ein Klick auf *Demokratisierung* (unter „Siehe auch“) fördert folgenden Ausschnitt zutage:

Begriff
Demokratisierung
Weitere Begriffe
Gesellschaftliche Prozesse
Politische Entwicklung
Politischer Wandel
Engerer Begriff
Demokratieförderung
Siehe auch
Demokratie
Liberalisierung
Politische Partizipation
Politisierung
Soziopolitischer Wandel
Zuordnungen
A.11.04 Maßnahmen für internationale Konfliktprävention und -management
G.03.04 Sozialer Wandel

Nutzen Sie einen Fachthesaurus, um Ihre Suchwortliste mit dessen Begriffen zu vergleichen, zu ergänzen, zu korrigieren. Der vielsprachige *European Thesaurus on International Relations and Area Studies* eignet sich ausgezeichnet dazu. Sie finden ihn im IREON-Portal (http://www.ireon-portal.de) als eigenständiges Modul, wo Sie eine alphabetisch und thematisch geordnete Liste gezielt nach Suchtermini abfragen können. Weitere für Sie interessante Thesauri sind der *Standard Thesaurus Wirtschaft* sowie der *Thesaurus Sozialwissenschaften.* Im Überblick:

*European Thesaurus on International Relations and Area Studies*
http://www.ireon-portal.de
*Standard Thesaurus Wirtschaft (WISO)*
http://www.wiso-net.de/thesaurus/
*Thesaurus Sozialwissenschaften (Sowiport)*
http://www.gesis.org/sowiport/nc/suche/thesaurus.html

### 6.3.5 Klassifikation

Klassifikationen sind Ordnungssysteme, die insbesondere der sachlichen Erschließung von Dokumenten dienen und generell hierarchisch gröber angelegt sind als Schlagwortlisten oder Thesauri. Die Gliederung der mehr oder weniger fein geästelten Klassen und Unterklassen erfolgt über Notationen, d.h. über numerische oder alphanumerische Systemstellen, die Themenbereiche einer wissenschaftlichen Disziplin abbilden.

**INFO**

Klassifikationen werden zur Erstellung von Bibliografien und Katalogen genutzt (standortunabhängig) und dienen häufig auch der realen systematischen Buchaufstellung in Bibliotheken (standortgebunden). Im letzteren Fall ist die Notation zugleich die Medien-Signatur, was Ihnen die Möglichkeit gibt, am Regal entlang thematisch zu suchen.

Eine Notation (im Beispiel unten etwa die 321.1) drückt also als Ziffer oder Buchstaben-Ziffern-Kombination eine bestimmte Stelle (*Familienbasierte Regierungssysteme*) einer Systematik aus, die nur ein Fach (bei Spezialbibliotheken) oder sämtliche wissenschaftlichen Disziplinen abbildet (Dewey-Dezimalklassifikation etc.).

Im folgenden Beispiel 1 findet sich die Politikwissenschaft im Rahmen der Sozialwissenschaften (300–400) innerhalb der Notationen 320–328 abgebildet.

**Beispiel 1:** Auszug aus der Dewey-Dezimalklassifikation (DDC):

300 Sozialwissenschaften
320 Politikwissenschaft
321 Staatsformen und Regierungssysteme
321.01 Formen der Beziehung von Teilen des Staats zum Staat als Ganzes
321.02–321.08 Arten von Staaten
321.09 Wandel im Regierungssystem
321.1 Familienbasierte Regierungssysteme
321.3-321.9 Durch den Ursprung oder die Weise der Ausübung von Macht definierte Regierungssysteme

Quelle:
http://melvil.d-nb.de/melvilsearch?bs=dnb-portal&id=1212840 (Stand: 23.03.2012)

**Beispiel 2:** Auszug aus der Regensburger Verbundklassifikation:

MA – ML Politologie

- MA Zeitschriften
- MB Grundlagen und Selbstverständnis des Faches
- MC Geschichte der politischen Philosophie und der Ideologien
  - MC 1000 Allgemeines (Gesamtabhandlungen, Anthologien, Abhandlungen zu einzelnen Ländern insgesamt)
  - MC 2000 – MC 2700 Vorzeit, Alter Orient, Antike
  - MC 3000 Christentum und Mittelalter
  - MC 4000 Frühe Neuzeit (bis 1700)
  - MC 5000 18. Jahrhundert
  - MC 6000 – MC 6900 19. und 20. Jahrhundert
  - MC 7000 – MC 7780 Ideologien und Massenbewegungen
  - MC 8000 – MC 8080 Sozialismus
    - MC 8000 Allgemeines
    - MC 8010 Kritik
    - MC 8020 Frühsozialismus, utopischer Sozialismus
    - MC 8060 Rätesozialismus
    - MC 8080 Sonstige nichtmarxistische Sozialisten (Blanc, Louis und Menger, Karl)
  - MC 8100 – MC 8190 Marxismus
  - MC 8200 – MC 8280 Sozialdemokratie
  - MC 8300 – MC 8390 Kommunismus
  - MC 8400 – MC 8653 Abspaltungen und Neomarxismus
  - MC 9000 – MC 9900 Politische Philosophie und Ideologien außerhalb der westlichen Welt
- MD Politische Theorie, Grundbegriffe des Politischen
- ME Politische Systeme: Allgemeines und Vergleich
- MF Politische Systeme: einzelne Elemente

Quelle:
http://rvk.uni-regensburg.de/index.php?option=com_rvko&view=show&Itemid=53 (Stand: 23.03.2012)

Systematiken oder Klassifikationen enthalten kontrolliertes Vokabular, also Begriffe, die Fachleute den verschiedenen Fächern oder Themen eindeutig zugeordnet haben.

In Bibliothekskatalogen können Sie über die Notationen eine thematische Suche vornehmen. Leider wird die verwendete Systematik in der Regel nicht angezeigt und viele Studierende oder andere Recherchierende wissen nicht einmal, was es mit diesen Ziffern auf sich hat, womit das bibliothekarische Angebot geradewegs an ihnen vorbeigeht. Wer jedoch davon weiß, kann diese fachlich-thematische Suchmöglichkeit gut für sich nutzen.

**INFO**

Die Deutsche Nationalbibliothek erschließt seit 2006 Dokumente mit der *Dewey-Dezimalklassifikation (DDC).* Diese am weitesten verbreitete Universalklassifikation der Welt ist 2005 in deutscher Übersetzung im K. G. Saur-Verlag erschienen (Übersetzung der 22. Aufl.); die Online-Version ist lizenziert (http://www.ddc-deutsch.de/).

*Dewey-Dezimalklassifikation (DDC)*
http://melvil.dnb.de/melvilsearch?bs=dnb-portal
*Regensburger Verbundklassifikation – Online*
http://rvk.uni-regensburg.de/
*GBV-Basisklassifikation*
http://www.gbv.de/vgm/info/mitglieder/02Verbund/01Erschliessung/02Richtlinien/05Basisklassifikation/index

### 6.3.6 Boole'sche Operatoren

Datenbanken sind meist prall gefüllt mit Dokumenten. Jede Suchanfrage stößt einen Antwortprozess an, der die gewünschte Literatur aus dem Datenhaufen herausfiltert. In diesem Prozess werden Mengen gebildet: die Menge, die Ihnen in der Trefferliste angezeigt wird, und die Menge, die für Sie unsichtbar bleibt, weil sie für Ihre Anfrage uninteressant ist. Damit eine Datenbank „weiß", welche Mengen sie bilden soll, können Sie die Boole'schen Operatoren verwenden, die nach dem englischen Mathematiker George Boole (1815-1864) benannt und der Mengenlehre entlehnt sind.

Das ideale Ziel jeder Recherche ist, ausschließlich relevante Literatur in überschaubarer Menge auf der Trefferliste vorzufinden. Die sinnvolle Anwendung der Verknüpfungsoperatoren kann dazu verhelfen, diesem Ziel nahezukommen. Mit ihnen können Sie zwei oder mehrere treffend ausgewählte Suchbegriffe kombinieren, indem Sie die Mengenoperatoren *UND*, *ODER* und *NICHT* zwischen diese setzen. Jeder Mengenoperator hat eine spezifische Auswirkung auf die Suchergebnismenge, weshalb Sie diese Operatoren in ihrer Wirkung unbedingt verstehen sollten, wenn Sie von ihnen profitieren möchten. Ein unbewusst falscher oder ungeschickter Umgang mit den Boole'schen Operatoren kann sich fatal auf das Ergebnis Ihrer Suche auswirken.

**Das logische UND**

Stellen Sie sich vor, Sie möchten zum Thema *Demokratisierungsprozesse in arabischen Ländern am Beispiel von Tunesien* relevante Literatur finden. Ihre Suchanfrage könnte also lauten: *Demokratisierung* UND *Arabische Staaten* UND *Tunesien.* Welche Dokumentenmenge wird Ihnen die Suchmaschine präsentieren? Aufgrund der Kombination der Begriffe mit UND zeigt sie alle Dokumente aus ihrem Index an, in deren Texte oder bibliografischer Beschreibung die Begriffe *Demokratisierung, Arabische Staaten* und *Tunesien* gemeinsam auftauchen, also die Schnittmenge der Suchwörter A, B und C.

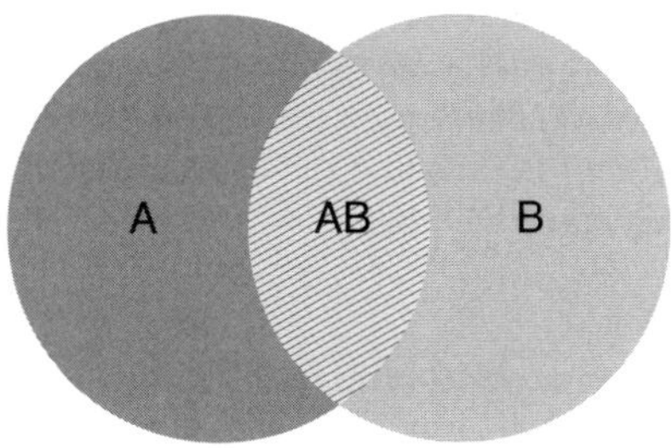


Anfrage: A UND B / Antwort: die schraffierte Menge

Was Sie nicht zu sehen bekommen, ist die Menge der Dokumente, in denen keiner der Begriffe oder nur einer bzw. zwei davon vorkommen. Das logische UND meint also unbedingt „alle Wörter“ und entspricht damit unserem sprachlichen Sowohl-als-auch.

**INFO**

Das logische UND bewirkt, dass die Treffermenge – im Fachjargon der *Recall* – geringer ist, die Genauigkeit – die *Precision* – dagegen größer. Statt UND kann auch ein + (Pluszeichen) oder das englische AND zwischen den Begriffen stehen, je nach Datenbank oder Suchmaschine. Bei der Menüvariante der erweiterten Suche wählen Sie die Option „mit allen Wörtern". Ist bei mehreren Suchbegriffen im gleichen Feld kein Operator gesetzt, wird oft standardmäßig das UND verwendet.

Mit dem Gebrauch des logischen UND wird die Treffermenge unter Umständen erheblich eingeschränkt. Das ist sinnvoll, wenn Sie beispielsweise

- von vornherein zu viele Treffer erwarten,
- zielgenau in die Suche einsteigen wollen,
- die Fachterminologie sicher beherrschen,
- die Suchbegriffe korrekt und eindeutig sind.

Wegen dieser Wirkung der Einschränkung sollten Sie stets damit rechnen, dass relevante Dokumente vielleicht unentdeckt bleiben, weil nur einer Ihrer Suchbegriffe darin fehlt oder z.B. als Synonym vorkommt. Es kann schnell passieren, dass Sie zu wenige oder gar keine Treffer erhalten. Beziehen Sie in diesen Fällen Synonyme, verwandte Wörter oder sprachliche Äquivalente in Ihre Suche ein. Oder starten Sie zusätzlich eine Suche mit dem logischen ODER.

**Das logische ODER**

Bleiben wir bei unserem Beispiel „*Demokratisierungsprozesse in arabischen Ländern am Beispiel von Tunesien*" und starten eine Suche mit der ODER-Verknüpfung unserer Suchwörter. Um es weniger kompliziert zu machen und Ihnen die Wirkung des logischen ODER zu demonstrieren, beschränken wir uns auf zwei Begriffe: Die Suchfrage lautet nun: *Demokratisierung* ODER *Tunesien*. Jetzt erhalten Sie in der Trefferliste alle Dokumente, in deren Text oder bibliografischer Beschreibung entweder *Demokratisierung* oder *Tunesien* vorkommt, und zusätzlich alle Dokumente, in denen beide Suchbegriffe zusammen vorkommen.

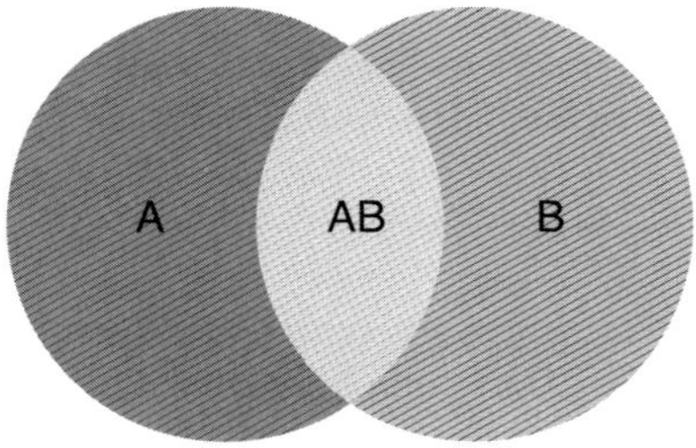


Anfrage: A ODER B / Antwort: die schraffierte Menge

Das logische ODER entspricht also nicht ganz unserem sprachlichen Gebrauch von „oder", das die Wahl zwischen Möglichkeiten meint wie „Tee oder Kaffee", worauf Sie nur eins von beiden erhalten, nämlich nur Tee oder nur Kaffee, nicht jedoch Tee und Kaffee sowie zu guter Letzt auch noch ein Mixgetränk aus beidem.

**INFO**

Der Einsatz des logischen ODER bewirkt, dass die Treffermenge – der *Recall* – hoch ist, die Genauigkeit – die *Precision* – dagegen geringer. Statt ODER kann auch geklammert oder das englische OR benutzt werden, je nach Suchmaschine. Bei der Menüvariante der erweiterten Suche wählen Sie die Option „mit irgendeinem der Wörter".

Mit der Verwendung des logischen ODER können Sie den Umfang Ihrer Trefferliste enorm erweitern. Das verschont Sie zwar nicht vor Unbrauchbarem, dafür können Sie aber einigermaßen sicher sein, dass Ihnen keine wichtige Literatur „durch die Lappen" geht. Allerdings ist die ODER-Suche nicht immer sinnvoll. In unserem speziellen Beispielfall wäre die ODER-Verknüpfung äußert ungünstig, weil wir mit einer Masse an Dokumenten – alle, in denen *Demokratisierung* allein vorkommt ohne Verbindung zu *Tunesien* und vice versa – bombardiert werden

würden, die völlig irrelevant für unser Thema wären. Bedenken Sie daher immer, ob eine ODER-Suche mit Ihren Begriffen wirklich Sinn macht und Ihnen weiterhilft. Die Suche mit zwei Begriffen verbunden durch ein ODER ist effektiv bei Begriffen, die nicht unbedingt in Kombination in Dokumenten auftauchen wie Synonyme oder fremdsprachige Varianten, oder wenn Sie wissen, dass zu Ihrem Thema nur wenig Literatur existiert.
Nutzen Sie die ODER-Suche, wenn

- Sie die Suche breit anlegen wollen und es Ihnen reicht, wenn nur ein Suchwort im Dokument auftaucht,
- Sie die Fachterminologie nicht oder nur wenig beherrschen und Varianten einbeziehen,
- sich das Thema schlecht auf einen Begriff reduzieren lässt,
- der Gegenstand sehr spezifisch ist und Sie deswegen nicht viel Ballast befürchten müssen,
- Sie die Treffermenge vergrößern wollen,
- (fremd-)sprachige Varianten, Synonyme und verschiedene Schreibweisen berücksichtigt werden müssen.

**Das logische NICHT**
Mit der Verwendung des logischen NICHT schließen Sie alle Dokumente aus, in denen ein von Ihnen unerwünschtes Wort vorkommt.

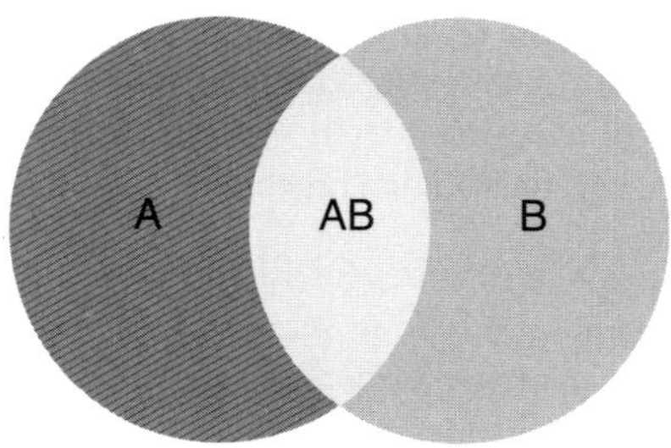


Anfrage: A NICHT B / Antwort: die schraffierte Fläche

Angewendet wird der NICHT-Operator meist in Verbindung mit dem UND-Operator, und zwar dann, wenn Sie Ihre Suche noch einmal rigoros einschränken möchten: *Demokratisierung* UND *Tunesien* NICHT *Marokko*. Das ist natürlich riskant: Dokumente bleiben unentdeckt, nur weil das von Ihnen ausgeschlossenen Wort (*Marokko*) zufällig in einem Text enthalten ist, der sich ansonsten sehr gründlich mit dem von Ihnen gewünschten Thema (*Tunesien*) befasst.

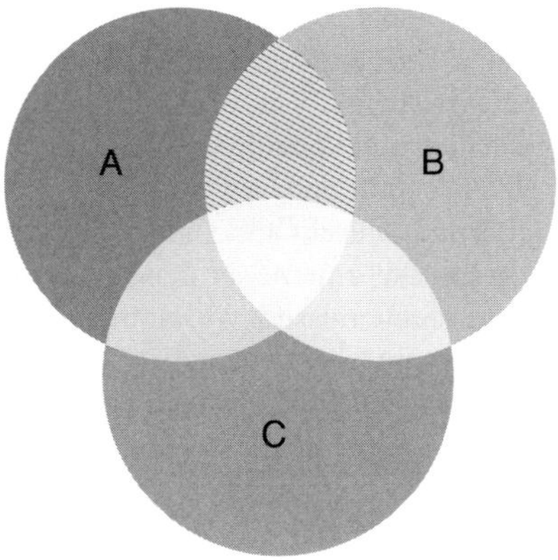


Anfrage: (A UND B) NICHT C / Antwort: die schraffierte Fläche

So nützlich es sein kann: Genießen Sie den NICHT-Operator stets mit Vorsicht und benutzen Sie ihn nur dann, wenn Sie sich über die Konsequenzen im Klaren sind. Bevor Sie ernsthaft mit dem Ausschluss-Operator recherchieren, experimentieren Sie ruhig ein wenig herum und vergleichen Sie Ihre Treffer mit den Ergebnissen, die Sie ohne Einsatz des Operators erhalten.

**INFO**

Das logische NICHT schließt Dokumente explizit aus, wodurch die Treffermenge stark reduziert wird. Statt NICHT kann auch das – (Minuszeichen) oder das englische NOT stehen, je nach Suchmaschine. Bei der Menüvariante wählen Sie die Option „ohne die Wörter".

**Für Fortgeschrittene: Klammerungen**

Bei einigen Suchdiensten können Sie mit Hilfe der Boole'schen Operatoren beliebig komplizierte, verschachtelte Ausdrücke – sogenannte Suchstrings – bilden und damit die Genauigkeit einer Suche erhöhen. Falls Sie sich an komplexere Gebilde heranwagen, müssen Sie die richtigen Begriffe mit den richtigen Operatoren verbinden und Klammern setzen. Schon Suchanfragen wie *A* NICHT *B* ODER *C* sind zweideutig: So kann es heißen: *A* NICHT *B* (ODER *C*), aber auch *A* NICHT (*B* ODER *C*). Suchmaschinen arbeiten in der Regel die Anfrage in der Reihenfolge NICHT vor UND vor ODER ab bzw. verknüpfen zuerst die Begriffe, die innerhalb der Klammer stehen, wie es bei der mathematischen Gleichung üblich ist, die Sie aus der Schule kennen.

Ein Beispiel: Die Suchanfrage *Demokratisierung* UND (*Arabische Staaten* ODER *Arabische Länder*) NICHT *Marokko* befiehlt der Suchmaschine: Finde zuerst die Dokumente, in denen *Arabische Staaten* oder *Arabische Länder* sowie beide Begriffe vorkommen, und finde dann aus dieser Menge die Dokumente, bei denen gleichzeitig der Begriff *Demokratisierung* auftaucht, auf keinen Fall jedoch das Wort *Marokko*.

Weil Klammerungen jedoch nicht jedermanns Sache sind und zudem sehr kompliziert werden können, bieten Suchdienste inzwischen überwiegend ein Auswahlmenü an; Ihre Eingaben werden dann automatisch in die richtige Suchsyntax übersetzt.

**INFO**

Englische Suchmaschinen arbeiten mit den Operatoren AND, OR und NOT, andere mit vorangestellten Plus- und Minuszeichen, wobei kein Leerzeichen zwischen dem Vorzeichen und dem Wort sein darf. Begriffe, die vorkommen können (ODER), erhalten kein Vorzeichen.

### 6.3.7 Andere Operatoren

**Die Nachbarschaftssuche**

Datenbanken und Suchmaschinen bieten oftmals die Nachbarschafts- oder Umgebungssuche an, auch *proximity search* genannt: Mit dem – inzwischen seltener bzw. bei eher hochpreisigen Datenbanken anzutreffenden – Operator NEAR oder dem Operator AROUND definieren Sie, wie weit Suchbegriffe maximal voneinander entfernt im Text stehen dürfen. Mit „*Obama* AROUND(4) *Iran*" können Sie beispielsweise festlegen, dass nicht mehr als vier Wörter zwischen *Obama* und *Iran* sein dürfen, wobei die Reihenfolge der Suchwörter im Text beliebig ist. Die maximale Anzahl erlaubter Wörter zwischen den Suchbegriffen, die definiert werden kann, variiert von Datenbank zu Datenbank; schauen Sie in den jeweiligen Hilfetext, um nähere Informationen zu erhalten.

Wenn es sich von den Suchbegriffen her anbietet, verwenden Sie die Nachbarschaftssuche zusätzlich zu den Boole'schen Operatoren; es kann Ihre Recherche verfeinern bzw. die Genauigkeit erhöhen und verringert die Treffermenge noch stärker als die Suche mit dem logischen UND. Denn die Nachbarschaft bestimmter Begriffe kann durchaus ein Hinweis auf den Inhalt von Texten sein: Es wird davon ausgegangen, dass bei umfangreicheren Texten, wie wissenschaftliche Publikationen es in der Regel sind, bestimmte Schlüsselbegriffe (Ihre Suchbegriffe) nicht nur häufiger auftauchen, sondern auch in relativer Nähe zueinander stehen; u.a. basiert auf dieser Relevanz-Annahme das Ranking von Suchsystemen (→ 3.5.3 Relevanz und Ranking).

Verlassen kann man sich auf den AROUND- oder NEAR-Operator sicherlich nicht; auch hier besteht das Risiko, dass relevante Texte durchrutschen, wenn zufällig ein Wort zu viel zwischen den Suchbegriffen steht. Ein Versuch ist es manchmal dennoch wert.

**TIPP**

Zitate lassen sich sehr gut mit dem Nachbarschaftsoperator oder aber mit einer Phrasensuche finden.

**Die Phrasensuche**

Noch einen Schritt weiter als die Nachbarschaftssuche geht die durch Anführungszeichen gekennzeichnete Phrasensuche als eine Variante der Nachbarschaftssuche. Eine Phrase besteht aus zwei oder mehreren Wörtern, die unmittelbar nebeneinander im Text stehen wie *Arabischer Frühling* oder *Direkte Demokratie*; sehr praktisch also bei feststehenden Wendungen oder mehrteiligen Eigennamen. Der Haken ist jedoch, dass mitunter grammatische Varianten unberücksichtigt bleiben, wie z.B. Deklinationen: des *Arabischen Frühlings*. Das kommt dann vor, wenn das

Suchsystem exakt nach der eingegebenen Zeichenkette inklusive der Leerzeichen fahndet, d.h. einen reinen Zeichenabgleich vornimmt.

**Maskierung oder Trunkierung**

Das sogenannte Trunkieren eines Wortes ermöglicht die gleichzeitige Abfrage von Wortvarianten. Als Platzhalter (*Wildcard*) für ein oder mehrere Buchstaben oder Zahlen wird zumeist das hochgestellte Sternchen (*) oder das Fragezeichen (?) verwendet (manchmal auch $ oder %): *Gesetz** bezieht in die Suche auch *Gesetzgebung*, (des) *Gesetzes*, *gesetzlich*, *gesetzeswidrig*, *Gesetzgebungsverfahren* ein, so?ial findet neben *sozial* auch *social*, und bei der Phrase „*arabisc* frühlin**" werden Flexionen berücksichtigt.

INFO

Der Einsatz von Platzhaltern ermöglicht nur einen einzigen Suchvorgang, der mehrere Suchbegriffe einbezieht. Das Trunkieren ist ein äußerst nützliches, leider oft unterschätztes bzw. vernachlässigtes Suchwerkzeug. Nutzen Sie es, wenn es angeboten wird!

Suchen Sie beispielsweise nach einer Bibliografie und geben Bibliogra* ein, finden Sie neben Bibliogra*fie* auch Bibliogra*phie*, bibliogra*fische* oder bibliogra*phische*. Der Platzhalter steht normalerweise für eine beliebige Anzahl von Buchstaben an einer beliebigen Stelle eines Wortes – also auch am Wortanfang oder in der Wortmitte. Manchmal darf er nur am Wortende oder frühestens ab einer bestimmten Stelle eines Suchbegriffes stehen, etwa an der vierter Stelle des Wortes. Über die Art der Trunkierungsmöglichkeit können Sie sich in dem Hilfstext der jeweiligen Datenbank oder Suchmaschine kundig machen.

**Unscharfe Suche**

Einige Datenbanken bieten eine unscharfe oder „schmutzige" Suche an (*Fuzzy Search*). Dabei werden über komplizierte Berechnungen Begriffe erzeugt, die Ihrem Suchwort ähnlich sind. Die Datenbank findet dann bei einer Suchanfrage die Dokumente, die sowohl Ihr Suchwort als auch das diesem ähnliche Wort enthält. Sinnvoll ist die unscharfe Suche bei komplizierten oder in der Schreibweise variierenden Wörtern, d.h. wenn eine gewisse Fehlertoleranz geboten ist oder es unterschiedliche (alte/neue)

Schreibweisen gibt. Brauchbar ist dies auch, wenn Sie nicht genau wissen, wie ein Wort geschrieben wird, beispielsweise ein bestimmter Name.

**Die Wortformsuche**

Attraktiver als die Maskierungsmöglichkeit, aber eher selten im Angebot von Suchmaschinen und Datenbanken, ist die Wortformsuche. Dabei handelt es sich um eine sogenannte Lemmatisierung, die vorgenommen wird, bzw. um integrierte Wörterbücher, die sämtliche Wortvarianten beinhalten.

**INFO**

Das Lemma (griechisch: Annahme) bedeutet in der Lexikografie und Linguistik die Grundform eines Wortes, so wie sie in Wörterbüchern zu finden ist: im Deutschen in der Regel der Nominativ Singular (Nomen) und der Infinitiv Präsens (Verben).

Es ist keinesfalls trivial, ob Sie Ihren Suchbegriff im Plural, im Singular oder in einer bestimmten grammatischen Form in das Suchfeld eingeben, wenn die gewählte Suchmaschine exakt nach der Zeichenkette Ihres Suchwortes fahndet. Geben Sie beispielsweise *Verbände* ein, bleiben alle Dokumente verborgen, in denen die Wortformen *Verband* oder (des) *Verbands* auftauchen. Die Wortform ist immer ein heikler Punkt bei der Suche. Sie können sich mit Platzhaltern (Trunkierung) oder einer ODER-Suche (Wortvarianten) behelfen, aber es gibt Grenzen.

Der Vorteil einer Wortformsuche ist, dass die Varianten Ihres Suchworts automatisch in Ihre Suche einbezogen werden. Letztlich ist jedoch auch hier die Güte des Wörterbuchs ausschlaggebend für den Nutzen des Angebots.

## 6.4 Suchergebnisse auswerten



Sind Sie mit Ihren Recherche-Ergebnissen unzufrieden, weist dies zunächst einmal darauf hin, dass Sie eine bestimmte Erwartung bezüglich der Inhalte von Dokumenten haben und sich nicht mit dem begnügen möchten, was Ihnen die Suche gebracht hat. Dies ist generell keine schlechte Voraussetzung für die Durchführung einer guten Recherche! Nun zu Ihrem Problem: Sie haben zu viele, zu wenige und/oder gänzlich unpassende Treffer? Dies kann folgende Gründe haben: Sie haben die falsche Frage an die richtige Adresse (Katalog, Datenbank, Suchmaschine) oder die richtige/falsche Frage an die falsche Adresse gestellt, oder aber das (richtige) Recherchemittel schwächelt selbst bezüglich der Suchoptionen. Wie auch immer, es gibt Lösungsmöglichkeiten für Ihr Problem.

Was die Vorgehensweise bei der Recherche generell betrifft, können Sie wählen, ob Sie den Weg vom Allgemeinen zum Besonderen einschlagen wollen oder vice versa: Wenn Sie mit dem Gegenstand, den Sie bearbeiten möchten, noch fremdeln, arbeiten Sie sich von allgemeineren Suchbegriffen zu speziellen vor: Dafür sichten Sie die Ergebnisse Ihrer Anfragen, filtern brauchbare heraus und nähern sich auf diese Weise langsam den signifikanten Kernbegriffen. Falls Sie, im umgekehrten Fall, gleich mit einem speziellen Suchwort einsteigen und wider Erwarten zu wenig Literatur oder aber wenig Passendes zu Ihrem Thema finden, beziehen Sie verwandte, übergeordnete und synonyme Begriffe in die Suche ein.

### 6.4.1 Meine Ausbeute ist zu hoch und unpassend: Was tun?

- Überprüfen Sie noch einmal Ihre Suchbegriffe (sind sie zu allgemein? Sind es Homonyme? Ist es die falsche Sprache?), reduzieren und/oder spezifizieren Sie sie; nutzen Sie ggf. die Phrasensuche;
- schränken Sie die Suche mit den Boole'schen Operatoren UND oder NICHT ein;
- prüfen Sie den Berichtszeitraum und Inhalt der Datensammlung;
- bei unverhältnismäßig häufig auftretenden unpassenden Treffern wechseln Sie die Suchmaschine oder Datenbank bzw. schränken Sie die Zahl der Recherchemittel ein;
- nutzen Sie eine Spezialsuchmaschine oder ein (wissenschaftliches) Webverzeichnis.

### 6.4.2 Meine Ausbeute ist zu gering: Was tun?

- Überdenken Sie noch einmal die Aspekte Ihres Themas und finden Sie weitere, eventuell allgemeinere Suchwörter; beziehen Sie Synonyme, Wortvarianten und fremdsprachige Wörter in die (UND-) Suche ein; trunkieren Sie Suchwörter;
- manchmal ganz banal: Haben Sie ein Wort falsch geschrieben? Nicht alle Suchmaschinen bieten das (ab und zu auch vermeintlich) korrekte Wort an;
- eventuell ist das Thema zu aktuell, dann finden Sie in allgemeinen Suchmaschinen (noch) nichts, da diese längere Zeit benötigen, um neue Inhalte zu indizieren; suchen Sie in einer Spezialsuchmaschine (z.B. *Google News* etc.);
- ziehen Sie weitere (spezielle) Suchmaschinen, Metasuchmaschinen, Datenbanken oder Kataloge hinzu;
- gehen Sie nach dem Schneeballsystem vor.

# 7 Wie komme ich dran? Literatur beschaffen



Sobald Sie den Titel einer brauchbaren Quelle recherchiert haben, müssen Sie sich diese im nächsten Schritt beschaffen. Hierfür eröffnen sich unterschiedliche Wege, die ich Ihnen kurz vorstellen werde.

## 7.1 Bücher kaufen und Zeitschriften abonnieren

Wenn Sie möchten, können Sie sich Bücher und Zeitschriften über den Buchhandel beschaffen. In der Regel werden Sie jedoch die Bibliothek aufsuchen, bevor Sie kostspielige Fachbücher kaufen, die meist auch nur eine begrenzte Zeit von Interesse sind, etwa wenn Sie diese für ein Referat oder eine Seminararbeit benötigen. Anders sieht es mit Büchern aus, die Ihnen längerfristig als Arbeitsmittel dienen wie politische Wörterbücher oder eine Einführung in die Politische Wissenschaft bzw. in einen Teilbereich des Faches (→ 6.1.2 Der eigene Handapparat); diese Bücher sind in der Regel auch erschwinglich. Ob sich also im Einzelfall die Anschaffung eines Fachbuchs lohnt, müssen Sie persönlich entscheiden. Ähnliches gilt für Fachzeitschriften. Sie können natürlich Ihre Lieblingsfachzeitschrift abonnieren; um jedoch auf dem Laufenden zu bleiben bzw. einen Überblick über aktuelle Themen und Publikationen (Rezensionen) zu behalten, bleibt Ihnen der Gang zu dem Zeitschriftenregal in der Bibliothek nicht erspart.

**TIPP**

Um bei Zeitschrifteninhalten oder bei einem speziellen Thema auf dem Laufenden zu bleiben, können Sie Alert-Dienste bzw. Current-Content-Dienste nutzen, die viele Bibliotheken und andere Informationsanbieter anbieten. Bei diesem Service werden Ihnen in regelmäßigen Abständen per RSS oder E-Mail z.B. die Inhaltsverzeichnisse der von Ihnen ausgewählten Fachperiodika gesendet (Alerts) bzw. die Verzeichnisse der Zeitschriften, in denen das Thema Ihrer Anfrage behandelt wird (Current-Content-Dienst). Diese Dienste, bei denen Sie Antworten auf eine bestimmte Anfrage abonnieren können, beschränken sich übrigens nicht auf Zeitschrifteninhalte, sondern erstrecken sich auf Suchmaschinentreffer oder Blog-Beiträge etc.

Falls Sie dringend ein bestimmtes Buch benötigen, dieses jedoch längerfristig ausgeliehen oder in der Bibliothek nicht vorhanden ist, können Sie alternativ zur Fernleihe über den *Karlsruher Virtuellen Katalog* (KVK) sämtliche Antiquariate simultan danach durchsuchen (http://www.ubka.uni-karlsruhe.de/kvk.html). Das gilt auch für Bücher, die Sie sich gerne kaufen möchten; schauen Sie, ob Sie sie gebraucht und damit billiger erstehen können. Aber vom Kauf einmal abgesehen: Meist werden Sie Bücher, Zeitschriften und andere Medien aus- oder fernleihen, sich Aufsätze oder Buchauszüge kopieren und liefern lassen.

## 7.2 Druckwerke und AV-Medien ausleihen

Wenn Sie ein bestimmtes Buch oder eine spezielle Zeitschrift suchen, das/die Sie auf einer Literaturliste oder in einem Quellenverzeichnis gefunden haben, schauen Sie im Bibliothekskatalog nach, ob sich das Gewünschte im Bestand Ihrer Bibliothek befindet. Ist das Buch verfügbar, also nicht verliehen, können Sie es direkt über den OPAC bestellen. Rechnen Sie jedoch nicht damit, dass Sie Ihre Bestellung sofort erhalten; nur in seltenen Fällen wird ein Bibliotheksmitarbeiter Ihre Bücher umgehend aus dem Magazin holen. Wie lange es dauert, bis Sie das Bestellte abholen können, erfahren Sie im jeweiligen Katalog oder vom Bibliothekspersonal; zumeist wird Ihre Bestellung einen Tag später abholbereit an der Ausleihtheke liegen. Mit Büchern aus der Lehrbuchsammlung oder den Regalen des Freihandmagazins können Sie dagegen direkt die Ausleihtheke ansteuern.

**INFO**

In jeder Bibliothek ist ein Teil des Bestands von der Ausleihe ausgenommen, d.h., er ist Präsenzbestand; zu ihm gehören beispielsweise Zeitschriften, Nachschlagewerke, alte Handschriften und Rara (seltene und kostbare, zumeist ältere Werke). Bis auf Ausnahmen können Sie diesen Bestand immerhin im Lesesaal bzw. einem Extra-Raum (Rara) einsehen.

Zeitschriften gehören in der Regel zum Präsenzbestand einer Bibliothek, wobei generell die aktuelleren Hefte frei zugänglich, die älteren Ausgaben jedoch magaziniert sind. Brauchen Sie einen bestimmten Aufsatz aus einer Zeitschrift, müssen Sie diese Zeitschrift erst über den Bibliothekskatalog ausfindig machen und bestellen. Ist er in der Bibliothek vorhanden, erfahren Sie in der Bestandsangabe, ob der entsprechende Jahrgang bzw. das gewünschte Heft vorhanden ist. Verwechseln Sie die Bestandsangabe nicht mit dem Erscheinungsverlauf einer Zeitschrift: Letzterer informiert darüber, wann das erste und das letzte Heft erschienen sind bzw. dass die Zeitschrift aktuell noch immer läuft. Die Bestandsangabe dagegen sagt Ihnen, welche Jahrgänge und welche Einzelhefte im Bestand der Bibliothek vorhanden sind bzw. fehlen. Das kann bedeuten, dass eine Zeitschrift im Bibliotheksbestand bereits seit zehn Jahren beendet ist (dann steht in der Bestandsangabe z. B. 1984–2002), tatsächlich jedoch noch immer regelmäßig erscheint (dann steht im Erscheinungsverlauf entsprechend 1984–).

**TIPP**

Wenn Sie einen Aufsatz exzerpieren, vergessen Sie nicht, den Titel, den Jahrgang und die Heftnummer der Zeitschrift sowie Verfasser, Titel und die Seitenzahlen des Artikels zu notieren. Wenn Sie kopieren, prüfen Sie, ob Titel, Jahrgang und Heftnummer (unten) auf der Seite stehen; wenn nicht, notieren Sie sich die Angaben. Bei Büchern gilt Entsprechendes. Vorsichtshalber notieren Sie sich zusätzlich die Signatur, falls Sie das Entliehene doch noch einmal benötigen sollten.

Haben Sie sich nun den Zeitschriftenaufsatz beschafft, werden Sie ihn vielleicht direkt kopieren wollen, da Sie die Zeitschrift nicht mit nach Hause nehmen dürfen. Bedenken Sie jedoch, dass mancher Aufsatz bezüglich Ihres speziellen Themas unter Umständen doch nicht hält, was Sie sich von ihm versprochen haben, oder sich gar als völlig unbrauchbar entpuppt; mitunter reichen auch zwei bis drei Seiten eines 15-seitigen Aufsatzes für Ihr Vorhaben aus. Deshalb ist es besser, wenn Sie zunächst den Text (quer-)lesen und erst dann entscheiden, ob er kopierenswert ist. Auch hier ist Ihre kritische Achtsamkeit einer Quelle gegenüber gefragt. Verzichten Sie im Eigeninteresse auf Papiermüll und denken Sie an die Umwelt. Alternativ können Sie den Text exzerpieren, was keinesfalls „abschreiben" heißt, sondern: das Wesentliche „herauspflücken".

## 7.3 Die Fernleihe

Ist das Druckwerk, das Sie benötigen, nur in einer öffentlich zugänglichen, weit(er) entfernten Bibliothek vorhanden, haben Sie die Möglichkeit, es sich von dort auszuleihen – ein Dienst, den Bibliotheken im Rahmen des Leihverkehrs anbieten. Ist das gewünschte Buch allerdings vor Ort bereits verliehen oder vorgemerkt, müssen Sie sich leider gedulden! Von der Fernleihe ausgeschlossen sind nämlich alle Bestände vor Ort, zudem auch Nachschlagewerke, Loseblattsammlungen, Altbestände, Rara sowie Medien, die preisgünstig über den Buchhandel bezogen werden können.

Fernleihen können Sie über einen Link aus dem Bibliothekskatalog oder über ein klassisches Papierformular, das Sie ausfüllen müssen. Ihre Bibliothek benachrichtigt Sie, sobald ihre Bestellung eingetroffen ist; dann können Sie sich das Buch an der Ausleihtheke abholen. Die Lieferzeiten sind unterschiedlich lang (ca. 2–6 Tage) und können sich im Einzelfall über Wochen, in ganz hartnäckigen Fällen auch über Monate hinziehen. Überlegen Sie daher, ob eine Fernleihe zeitlich in Ihren Arbeitsplan passt oder ob Sie auf ein bestimmtes Buch notfalls verzichten können. Die Fernleihgebühren gestalten sich je nach Bibliothek unterschiedlich; sie bewegen sich um 1,50 Euro pro Titel.

## 7.4 Dokumentlieferdienste

Eine Fernleihe zu tätigen ist manchmal wenig geeignet, wenn Sie Literatur zeitnah benötigen. In diesem Fall können Sie auf einen Dokument- oder Schnelllieferdienst ausweichen. Die Lieferzeiten sind hier kürzer, zudem erhalten Sie die bestellte Literatur direkt an die von Ihnen gewünschte Adresse und sparen sich damit die Fahrt zur Bibliothek.

Wegen der unterschiedlichen Gebührengestaltung (Bearbeitung, Postgebühren, private und kommerzielle Nutzung) der Anbieter, die sich zudem jederzeit ändern kann, sollen hier keine konkreten Angaben gemacht werden; informieren Sie sich bei dem jeweiligen Dienstanbieter.

Der fächerübergreifende Dokumentlieferdienst der meisten Bibliotheken des gesamten deutschen Sprachraums ist *Subito* (http://www.subito-doc.de/); Ihre Bibliothek bietet diesen Dienst über den Online-Katalog sowie die *EZB* (http://rzblx1.uni-regensburg.de/ezeit/) an. Anders als bei der Fernleihe können Sie sich übrigens jeden für den Lieferdienst vorgesehenen Titel liefern lassen, egal, ob er in den Bibliotheksbeständen vor Ort vorhanden ist oder nicht.

Der Dokumentlieferdienst versendet Bücher und Zeitschriftenaufsätze per Post, Aufsatzkopien auch per E-Mail oder Fax. Die Lieferzeit umfasst ca. 1–3 Tage Bearbeitung in der jeweiligen Bibliothek zuzüglich der Postlieferungszeit. Je nach Dringlichkeit können Sie auch eine „Eilt"-Bestellung wählen, dann bearbeitet und verschickt die angefragte Bibliothek Ihre Bestellung meist innerhalb von 24 Stunden. Um Ihnen einen ungefähren Richtwert zur Preisgestaltung zu geben: Eine elektronische Lieferung erhalten Sie über *Subito* zurzeit ab 5 Euro, ein Buch per Post ab 9 Euro (März 2012).

**INFO**

*Jason*, ein Dokumentlieferdienst der nordrhein-westfälischen Hochschulbibliotheken, ist mit der Zeitschrifteninhaltsdatenbank *Jade* verbunden; bei einer Bestellung müssen Sie per Formular eine Transaktionsnummer anfordern, über die dann verrechnet wird. Zugang zu diesem Dienst haben Sie über die Bibliothek. Des Weiteren liefern auch *Ingenta* (http://www.ingenta.com/) und Getinfo (https://getinfo.de/) Dokumente.

## 7.5 Internetquellen abspeichern

Internetquellen müssen Sie sich im klassischen Sinne nicht beschaffen, sondern können sie meist aus der Trefferliste einer Suchmaschine oder Datenbank über einen Link aufrufen bzw. direkt von einer Website aus kopieren, abspeichern oder ausdrucken. HTML-, PDF- und andere Dokumente können markiert und mittels „speichern unter" auf den eigenen Rechner abgelegt werden. Denken Sie daran: Das Internet ist flüchtig und stets in Veränderung begriffen, weshalb Sie die Quelle, die Sie benutzen, unbedingt speichern und gegebenenfalls ausdrucken sollten. Bedenken Sie bitte auch beim Ausdrucken – wie beim Kopieren –, ob dies notwendig ist: Vorschnell ausgedruckte Quellen können sich später als doch weniger geeignet für Ihre Arbeit herausstellen und landen dann in der „Rundablage". Speichern Sie den Text also lieber erst einmal ab und vergessen Sie dabei nicht, Abrufdatum und URL (Internetadresse) zu vermerken.

**TIPP**

Wenn Sie Texte einer Website ausdrucken möchten, schauen Sie, ob es eine Druckversion von dieser Seite gibt; die Druckvorschau können Sie sich auch über den Browser ansehen. Warum das? Es gibt immer wieder Seiten, bei denen Logo, Bilder und Navigation gedruckt werden, nur der Text fehlt. Das ist ärgerlich.

Nicht immer gelangen Sie über einen Link zum Volltext. Das kann z.B. daran liegen, dass der Text kostenpflichtig oder nicht öffentlich zugänglich ist. Manchmal führt ein Link z.B. auch statt auf den gewünschten Zeitschriftenartikel auf die Online-Ausgabe der Zeitschrift, deren Archiv dann eventuell nicht frei zugänglich ist. Wenn Sie Ihren Artikel auf diesem Wege nicht beschaffen können, müssen Sie den klassischen Weg einschlagen und nach der gedruckten Zeitschrift in der Bibliothek suchen.

Wichtig ist zudem, dass Sie einheitlich zitieren. Die Website *Mediensprache.net* erlaubt den kostenlosen Download des folgenden, sehr zu empfehlenden Buches: Jens Runkehl/Torsten Siever: Das Zitat im Internet. Ein Electronic Style Guide zum Publizieren, Bibliografieren und Zitieren. 3., korr. Aufl. Hannover: Revonnah, 2001 (kostenfrei unter http://www.mediensprache.net/de/publishing/zitieren/).

**TIPP**

Zitieren müssen Sie eine Internetquelle mit mindestens folgenden Angaben: Verfasser/Herausgeber, Titel, Internetadresse (URL bzw. URN), ggf. Seitenzahl, unbedingt das Datum der Texterstellung bzw. des Abrufs (in runden Klammern).
Beispiel: Coleman, Isobel: Women Protest in Egypt. This article originally appeared on her blog Democracy in Development, December 22, 2011. http://www.isobelcoleman.com/2011/12/22/women-protest-in-egypt/#more-1539 (Stand: 22.03.2012).

Die *EZB* (http://rzblx1.uni-regensburg.de/ezeit/) zeigt über ein Ampelsymbol an, welche Online-Zeitschriften allgemein frei zugänglich sind (grün), für welche der Online-Zeitschriften die Bibliothek eine Lizenz erworben hat (gelb) und welche kostenpflichtig sind (rot). An einen „grünen" Artikel kommen Sie von überall heran, an einen „gelben" jedoch nur vom Campus aus, es sei denn, Sie haben sich die externe Zugriffsmöglichkeit über die Identifikation als Hochschulmitglied verschafft, den viele Bibliotheken anbieten. Fragen Sie nach dieser Möglichkeit oder informieren Sie sich auf der Website Ihrer Bibliothek. Dann können Sie bequem auch von zu Hause aus auf lizenzierte Zeitschriften- und andere Datenbanken zugreifen.

**INFO**

Die in der EZB gelisteten politikwissenschaftlichen Zeitschriften finden Sie zwar in der *ViFaPol* integriert, dennoch haben Sie auch von dort aus nur Zugriff auf das, was frei zugänglich ist, und auf das, wofür die Bibliothek bezahlt, der Sie angehören.

## 7.6 Volltexte kaufen

Oftmals führt der Link, den Sie über eine Fachdatenbank oder das Inhaltsverzeichnis einer Online-Zeitschrift erhalten haben, auf eine Seite, auf der Sie zur Kasse gebeten werden. Gibt es nun kein gedrucktes Äquivalent, bleibt Ihnen nur die Alternative, auf das Dokument zu verzichten oder eben den Vollzugriff auf den Artikel zu kaufen. Je nach Anbieter sind die Preise für das „Pay-per-view" unterschiedlich hoch. Genaue Informationen erhalten Sie beim jeweiligen Anbieter.

# 8 Die gefundene Literatur bewerten und verwalten



Was taugen die Resultate meiner Suche? Diese Frage sollten Sie sich unbedingt stellen, vor allem, wenn Sie im Internet recherchieren. Denn die Literatur, die Sie für Ihre Arbeit verwerten wollen, muss glaubwürdig sein und wissenschaftlichen Ansprüchen genügen. Verwerten Sie also nicht beliebige Informationen ungefiltert. Machen Sie sich klar, dass es eine Menge Informationen gibt, die Sie schlichtweg nicht brauchen, weil sie irrelevant, redundant, unseriös, schlecht recherchiert, schlecht geschrieben, unsachlich oder sachlich falsch sind, weil Fakten nicht belegt sind oder absichtlich bzw. unabsichtlich Fehlinformationen liefern, oder weil Textinhalte von zweifelhaftem Ursprung sind. Sie sehen, es gibt eine Menge Gründe, warum Quellen von Ihnen kritisch beäugt werden sollten; dies gilt ganz besonders für frei verfügbare Internetquellen, die Sie über allgemeine Suchmaschinen finden. Bei ihnen ist eine Qualitätskontrolle ungleich mühevoller als bei Büchern oder Zeitschriften. Wie aber kann eine Quelle auf ihren Nutzen und ihre Qualität hin überprüft werden?

## 8.1 Kriterien, die bei der Beurteilung helfen

Sind Sie bei Ihrer Recherche fündig geworden, prüfen Sie zunächst, wie relevant die gefundene Literatur für Ihre Arbeit oder Ihre Fragestellung ist. Deckt die Quelle einen interessanten Aspekt Ihres Themas ab? Geben der Inhalt, die Argumentationen und Quellenbelege Hinweise, die für Ihr Thema von Bedeutung sind? Sodann prüfen Sie, ob die gefundene Quelle qualitativ wissenschaftlichen Ansprüchen genügt. Folgende Checklisten können Sie dafür nutzen, wobei die Kriterien in Teilen auch für Druckerzeugnisse, im Wesentlichen jedoch für Internetquellen gelten.

## Inhaltliche Kriterien

- Bei Monografien sichten Sie das Inhaltsverzeichnis, das Literaturverzeichnis und ggf. noch das Vorwort bzw. die Einleitung sowie das Nachwort; Sie können auch Rezensionen heranziehen.
- Onlinequellen: Klopfen Sie zunächst die gefundenen Dokumente über die ihnen zugeordneten Schlagwörter daraufhin ab, ob sie Ihre Fragestellung genügend abdecken.
- Lesen Sie die Zusammenfassung (*Abstract*), wenn es eine gibt; bei Volltexten ohne *Abstract* lesen Sie die Einleitung oder den Text quer.
- Achten Sie auf die Fragestellung des Verfassers; es muss nicht die Ihre sein, aber sie sollte Aspekte ihrer Problemstellung abdecken.
- Prüfen Sie, ob das Thema kontrovers diskutiert wird, richtige Fakten genannt und mit einschlägigen Quellen belegt werden.
- Ist der Verfasser objektiv und sachlich? Welche Absicht wird verfolgt, welche Methode angewendet? Wodurch sind die Ergebnisse belegt bzw. bewiesen (Statistiken, Gesetze, Bibliografie etc.)?
- Wer ist die Zielgruppe, die der Verfasser anspricht? Schüler, Studierende, Fachleute? Dies ist wichtig bezüglich des Niveaus der Quelle und ggf. deren Verweise (Links) auf weitere Quellen.
- Auf zahlreichen Websites gibt es Foren oder Weblogs mit Kommentaren und Bewertungen zu dem Inhalt von Seiten, die aufschlussreich sein können und ihrerseits wiederum von anderen Nutzern kommentiert werden.

## Formale Kriterien

- Wer ist der Autor? Was qualifiziert ihn? Ist er im Fachkreis bekannt (Bücher bzw. Aufsätze des Verfassers lassen sich über einen OPAC finden)? Welcher Institution gehört er an? Ist sie bekannt? Ist er kommerziell, institutionell, politisch gebunden? Ist ein Verfasser Ihnen unbekannt, befragen Sie eine Suchmaschine oder ein biografisches Nachschlagewerk.
- Bei Websites gibt das Impressum oder die Seite „Wir über uns" bzw. „*About*" Auskunft über den Anbieter der Inhalte; auch

die Startseite (Homepage) und die Internetadresse sind diesbezüglich interessant. Falls Sie über einen Link auf einer Unterseite gelandet sind und es keinen direkten Link auf die Startseite gibt, können Sie alles aus der Internetadresse löschen, was hinter dem Länder- oder Themakürzel steht.
- In welchem Verlag ist das Werk erschienen? Welches Renommee besitzt der Verlag? Informieren Sie sich ggf. auf der Website des Verlages.
- Stammt der gefundene Aufsatz aus einer bekannten Fachzeitschrift? Werden die Artikel dort begutachtet?
- Wie aktuell ist die Quelle bzw. wie aktuell muss diese für das Thema sein, das Sie bearbeiten? Auskunft über Aktualität geben das Datum der letzten Aktualisierung einer Website, das Datum der Erstellung bzw. der Veröffentlichung eines Textes, Daten im Text selbst sowie schließlich auch (nicht-) funktionierende Links.
- Die Anzahl der Seiten in Verbindung mit dem Titel kann auf die Relevanz einer Quelle hinweisen; ein auf drei Seiten abgehandeltes, weiter gefasstes Thema erweist sich höchstwahrscheinlich als wenig geeignet für eine Spezialstudie.
- Wie seriös ist das Layout gestaltet? Lenken Werbebanner oder Animationen ab? Wie nutzerfreundlich ist die Navigation? Gibt es eine Sitemap, die einen Überblick über den Inhalt der Website bietet?

Keine Angst, Sie müssen nicht alle gefundenen Dokumente bis ins Kleinste überprüfen. Das können Sie sicherlich auch nicht angesichts der Anzahl von Dokumenten, die Sie bei der Recherche finden werden. Die oben genannten Kriterien und Hinweise sollen Ihnen lediglich als Fingerzeig dienen, worauf Sie bei der Literaturauswahl achten sollten. Wenn Sie einige dieser Kriterien stets im Hinterkopf behalten, werden Sie bald ein Gespür für die Qualität von Quellen entwickeln.

**INFO**

Bei geprüften, „handverlesenen" Datenbanken, Linksammlungen und Spezialsuchmaschinen reicht es, zu prüfen, ob der Inhalt relevant für Ihre Forschungsfragestellung ist.

**TIPP**

Informationen zur Beurteilung von gefundenem Material finden Sie auch in der *ViFaPol* (http://www.vifapol.de/tipps/suchen/beurteilen).

## 8.2 Ergebnisse dokumentieren und verwalten

Haben Sie nun eine Vorauswahl getroffen, sollten Sie das Gefundene intensiver lesen und eine weitere Auslese vornehmen: Brauchbares dokumentieren bzw. speichern Sie für Ihr Literaturverzeichnis. Unbrauchbares verwerfen Sie, und Wackelkandidaten können Sie zunächst als solche kennzeichnen und bei der Arbeit hintenanstellen. So entsteht eine Prioritätenliste von Material.

Noch einmal zur Erinnerung: Internetquellen sind mitunter kurzlebig. Da Sie also nie wissen können, ob Sie morgen noch auf ein Dokument zugreifen können, das Sie heute gefunden haben, speichern Sie es direkt ab oder drucken es aus. Vergessen Sie dabei nicht, die Internetadresse und das Datum zu notieren, falls diese auf dem Ausdruck oder der gespeicherten Kopie fehlen, denn nur damit können Sie das Dokument später korrekt zitieren.

Um die gefundene Literatur zu verwalten, können Sie ganz klassisch Karteikarten beschriften, eine Word-Datei für das Literaturverzeichnis anlegen oder aber ein elektronisches Literaturverwaltungssystem wie etwa *Citavi* oder *EndNote* benutzen. Die zunehmend komfortablen Funktionen machen die Arbeit mit diesen Systemen zwar attraktiv, verlangen andererseits jedoch entsprechend Zeit und Mühe, sich in ihnen zu orientieren. Die Mühe lohnt sich dennoch, erspart sie Ihnen doch im Endeffekt wieder Zeit, indem Ihnen einige Arbeit der Literaturverwaltung abgenommen wird. Zum Beispiel erlauben inzwischen viele gängige Datenbanken und teilweise auch Bibliothekskataloge den direkten Export des Literaturmaterials in die Verwaltungsprogramme. Alle diese Systeme sind ein wenig unterschiedlich in Umfang und Ausstattung; schauen Sie, mit welchem Sie am besten zurechtkommen.

*Citavi* http://www.citavi.com/
*EndNote* http://www.endnote.com/

**TIPP**

Besuchen Sie einen Kurs, den Bibliotheken mitunter zu den Literaturverwaltungssystemen anbieten, bevor Sie sich selbst durchwursteln müssen. Sie können sich auch bei Kommilitoninnen und Kommilitonen informieren, die bereits mit einem dieser Systeme arbeiten.

# Schlussbemerkung

Der Weg zum Erwerb eines akademischen Grades geht mit der Entwicklung einer Lese-, Denk-, Schreib- und Recherchefähigkeit einher, die früher oder später den hohen Ansprüchen des Wissenschaftsbetriebs genügen sollte. Dieses Buch fokussiert dabei ausschließlich auf die Fähigkeit, die gemeinhin als Medien- bzw. Informationskompetenz bezeichnet wird, eine Fähigkeit, die, ungeachtet der Herauslösung aus dem genannten Verbund, tatsächlich stets in festem Zusammenhang mit den anderen Befähigungen verbleibt.

Wer sucht, der findet – und wer präzise weiß, was er braucht, und an welchem Ort und auf welche Weise er danach suchen muss, hat gute Chancen, das Richtige zu finden. Mit dem vorliegenden Handbuch wurde versucht, Ihnen das Rüstzeug für kompetentes Recherchieren zu vermitteln, mitsamt dem Zubehör, wie etwa dem Wissen, was im Vorfeld sowie im Anschluss einer Recherche geleistet oder beachtet werden sollte. Dabei wurde bewusst auf ein exemplarisches Vorrecherchieren in einem Katalog, einer Datenbank oder einer Suchmaschine bzw. auf eine Bedienungsanleitung für diese Informationsmittel verzichtet. Der Grund hierfür war: Entweder ist der Umgang mit den Suchwerkzeugen gleichartig, so dass Sie selbst sehr schnell heraushaben, wie es funktioniert; im anderen Fall kann das Vorexerzierte lediglich eine Variante zahlreicher Möglichkeiten sein und ist daher für das Erlernen einer klugen Recherche nur bedingt hilfreich. Jeder Katalog, jede Datenbank oder Suchmaschine hat seine/ihre Eigentümlichkeiten und auch Entwicklungsstadien, in denen sich Änderungen ergeben, die eine Bedienungsanleitung in diesem Buch unter Umständen schnell obsolet machen würden.

Vielmehr will dieses Buch Sie dazu ermuntern, das Behandelte selbst auszuprobieren und zu üben; es will Sie dazu verleiten, Erfahrungen zu sammeln und Souveränität zu entwickeln; es will Sie sensibilisieren für die Verschiedenheiten von Quellen und Informationsmitteln in Art, Leistung und im Umgang mit ihnen. Eine Generallösung für Recherchen gibt es nicht. Um die Kunst der Literatursuche zu erlernen, braucht es Zeit, Erfahrung und Übung. Wiederholtes Training hilft Ihnen, gut vorbereitete, zielgenaue Anfragen an die richtigen Adressen zu stellen; und viel weniger durch Glück oder Zufall als durch das „Fischen im Klaren“ werden Sie die gewünschten Goldstücke aus dem aussichtsreichen Flussbett in Ihrem passend gewählten Sieb vorfinden!

# Sachregister

# Internetadressen und Literatur

[Stand: 14.03.2012]

Archivschule Marburg
http://www.archivschule.de
ASEZA-Datenbank
http://www.multisuchsystem.de/aseza.html.
Ask
http://ask.com/
ASP – Academic Search Premier/EBSCO Host
über → DBIS
Atlapedia online
http://www.atlapedia.com/
Außenpolitik.net (→ DGAP)
https://aussenpolitik-net.dgap.org/de/aussenpolitik/start
BASE
http://base.ub.uni-bielefeld.de
bbz Werkzeugkasten
http://digilink.digibib.net/wk/links.pl
Bibliothek Friedrich-Ebert-Stiftung
http://www.fes.de
Bibliotheksportal
http://www.bibliotheksportal.de
Bibsonomy
http://www.bibsonomy.org/
Biografie-Portal
http://www.biographie-portal.eu/
Blog-Sucher (Politik-Blogs)
http://www.blog-sucher.de/
BrightPlanet
http://www.brightplanet.com/the-deep-Web/deep-Web-faqs/
Brockhaus
http://www.brockhaus-enzyklopädie.de
Bubl Link Political Science
http://bubl.ac.uk/link/linkbrowse.cfm?menuid=2827
Bundesgerichtshof
http://www.bundesgerichtshof.de/
Bundesregierung
http://www.bundesregierung.de
Bundesverfassungsgericht
http://www.bundesverfassungsgericht.de/
Bundeszentrale für politische Bildung
http://www.bpb.de/
CIA The World Factbook
https://www.cia.gov/library/publications/the-world-factbook/
Citavi
http://www.citavi.com/
CiteSeer
http://citeseer.ist.psu.edu/
Clio online
http://www.clio-online.de
Dandelon
http://www.dandelon.com/
DBIS Datenbank-Infosystem
http://rzblx10.uni-regensburg.de/dbinfo
De Jure
http://dejure.org/
De.soc.politik.deutschland
https://groups.google.com/forum/?fromgroups#!forum/
Delicious
http://www.delicious.com/
Deutsche Biographie (ADB / NDB)
http://www.deutsche-biographie.de/
Deutsche Digitale Bibliothek
http://www.deutsche-digitale-bibliothek.de/

Deutsche Nationalbibliothek
http://dnb.info/
Deutscher Bundestag/Bibliothekskatalog
http://opac.bibliothek.bundestag.de
Deutsches Institut für Menschenrechte
http://vzopc4.gbv.de:8080/DB=22/LNG=DU/
Dewey-Dezimalklassifikation (DDC) / MelvilSearch
http://melvil.d-nb.de/melvilsearch?bs=dnb-portal
DFNLIST Listen für Wissenschaft und Forschung
http://www.listserv.dfn.de/
DGAP – Deutsche Gesellschaft für Auswärtige Politik
https://dgap.org/de/bibliothek/start
DGP – Deutsche Gesellschaft für Politikwissenschaft
http://www.dgfp.org/
DVPW – Deutsche Vereinigung für Politische Wissenschaft
https://www.dvpw.de/
Dialog über Deutschlands Zukunft
https://www.dialog-ueber-deutschland.de/
DigiBib – Digitale Bibliothek NRW
http://www.digibib.net/Digibib
Digital Book Index
http://www.digitalbookindex.com/*about*.htm
Digitale Literatur weltweit (Universität Heidelberg)
http://www.ub.uni-heidelberg.de/helios/digi/digiallg.html
Digitale Historische Karten
http://www.dhm.lm.se/index.htm
Dissonline
http://www.dissonline.de
E-Politik
http://www.e-politik.de/lesen/
EconBiz
http://www.econbiz.de/
eDoc.ViFaPol
http://edoc.vifapol.de/opus/
Edublogs
http://ww.jplie.edublogs.org
EG-Maps
http://www.ieg-maps.uni-mainz.de
Encyclopedia Britannica
http://www.britannica.com
EndNote
http://www.endnote.com/
Epo – Entwicklungspolitik Online
http://www.epo.de/
eufeeds
http://www.eufeeds.eu/de
EUR-Lex
http://eur-lex.europa.eu/
europa.eu – Europäische Union
http://europa.eu/index_de.htm
europa einfach e.V.
http://www.europa-einfach.de/
European Justice
https://e-justice.europa.eu/
European Thesaurus on International Relations and Area Studies
http://www.ireon-portal.de/index.php?id=91&L=1
Eurostat
http://epp.eurostat.ec.europa.eu/
EZB – Elektronische Zeitschriftendatenbank
http://rzblx1.uni-regensburg.de/ezeit/
First 3.0 – Facts on International Relations and Security Trends
http://first.sipri.org
Forschungsportal
http://www.forschungsportal.net/de/
Forschungsprojekte von A-Z (Zentrum für angewandte Politikforschung)
http://www.cap-lmu.de/projekte/projekte_az.php
Friedrich-Ebert-Stiftung

http://library.fes.de/library/index_gr.html
GBV-Basisklassifikation
http://www.gbv.de/vgm/info/mitglieder/02Verbund/01Erschliessung/02Richtlinien/05Basisklassifikation/index
gender… politik… online
http://www.gender-politik-online.de/
Genderblog
http://genderblog.de/
GeoHive (Population Statistics)
http://www.geohive.com/
Gesetze im Internet
http://www.gesetze-im-internet.de/
GetInfo
https://getinfo.de/
GIZ – Deutsche Gesellschaft für internationale Zusammenarbeit
http://www.giz.de/
Google Books
http://www.google.de/books
Google Groups
https://groups.google.com/?hl=de
Google News
http://news.google.de/
Google Scholar
http://scholar.google.de/
Governments on the WWW
http://www.gksoft.com/govt/en/
Grey Literature Network Service
http://www.greynet.org/
H-Net -Humanities and Social Science Online
http://www.h-net.org/deutsch
Hessische Stiftung Friedens- und Konfliktforschung
http://www.hsfk.de
HGIS Germany (Hist.-geogr. Informationssystem d. dt. Staatenwelt 1820-1914)
http://www.hgis-germany.de/
Historische Karten (Uni Bremen)
http://gauss.suub.uni-bremen.de/html/mm/
HuriSearch
http://www.hurisearch.org/
IBLK Online Contents – SSG Internationale Beziehungen und Länderkunde
über → DBIS
IBR – Internationalen Bibliographie der Rezensionen
über → DBIS
IBSS Internationale Bibliografie der Sozialwissenschaften
über → DBIS
IBZ – Internationale Bibliographie der geistes- und sozialwissenschaftlichen Zeitschriftenliteratur
über → DBIS
IJBF – Internationale Jahresbibliographie der Festschriften
über → DBIS
IJBK – Internationale Jahresbibliographie der Kongressschriften
über → DBIS
IKAR – Landkartendrucke vor 1850
http://ikar.sbb.spk-berlin.de/
Informationsbeschaffung im Internet
http://swisseduc.ch/informatik/internet/internet_recherche/docs/infobeschaffung.pdf
Informationskompetenz
http://www.informationskompetenz.de/
Ingenta
http://www.ingenta.com/
International Encyclopedia of Political Science (lizensiert)
über → DBIS
INTUTE Social Science
http://intute.ac.uk/socialsciences/
IPOSS Interessenvereinigung für Politikwissenschaftsstudierende

http://www.iposs.de/
IPSA
über → DBIS (lizenziert)
IREON Internationale Beziehungen und Länderkunde
http://www.ireon-portal.de/
JSTOR, Journal Storage
http://www.jstor.org
JustFreeBooks
http://www.justfreebooks.info/
Klug suchen
http://www.klug-suchen.de
KVK – Karlsruher Virtueller Katalog
http://www.ubka.uni-karlsruhe.de/kvk.html
LITDOK – Literaturdatenbank (→ GIZ)
http://www3.giz.de/dokumentation_bibliothek/datenbanken/index.php.de
LobbyControl
http://www.lobbycontrol.de/blog/
Lotse
http://lotse.uni-muenster.de/sozialwissenschaften/
ManyBooks.Net
http://manybooks.net/
Map History/History of Cartography
http://www.maphistory.info/
Max-Planck-Institut für Gesellschaftsforschung
http://www.mpifg.de
Mediensprache.net
http://www.mediensprache.net/de/publishing/zitieren/
MelvilSearch
http://melvil.d-nb.de/melvilsearch?bs=dnb-portal
Meta*Crawler*
http://meta*Crawler*.de/
Metager
http://metager.de/
Metager2
http://metager2.de/
Mister Wong
http://www.mister-wong.de/
Munzinger Online
http://www.munzinger.de/
NationMaster (Words Statistics)
http://www.nationmaster.com/index.php
Netzpolitik.org
http://netzpolitik.org/
Netzwerk Informationskompetenz
http://www.informationskompetenz.de/glossar/?term=344
Neue Politische Literatur
http://www.ifs.tu-darmstadt.de/index.php?id=275
OAIster (OCLC)
http://www.oclc.org/oaister/
OLC-SSG Politikwissenschaft und Friedensforschung
über →DBIS
OLC-SSG Zeitgeschichte
über →DBIS
Onlinenewspapers
http://onlinenewspapers.com
Open Grey
http://www.opengrey.eu/
Open Directory Project
http://dmoz.de/
OpenThesaurus
http://www.openthesaurus.de/
OPUS
http://elib.uni-stuttgart.de/opus/gemeinsame_suche.php
Paperball
http://www.paperball.de/
Parlamentaria
http://parlamentaria.staatsbibliothek-berlin.de/
Parlamentsspiegel
http://www.parlamentsspiegel.de/ps/suche/index.jsp
PAIS Public Affairs Information Service

über → DBIS
Peace Research *Abstracts*
über → DBIS
Philosophers Index
über → DBIS
PIO/PAO – Periodicals Index Online/ Periodicals Archive Online
http://pio.chadwyck.co.uk/marketing.do
Political Information
http://www.politicalinformation.com/
Political Resources on the Net
http://www.politicalresources.net/
Politik.de Blog
http://blog.politik.de/
Politik Digital
http://www.politik-digital.de/
PolitikOn
http://www.politikon.org/
Politische Bildung
http://www.politische-bildung.de/politikfelder.html
PolSci Zürich
http://poliscizurich.wordpress.com/
PolyMeta
http://www.polymeta.com/
PortalU
http://www.portalu.de
Projekt Gutenberg
http://gutenberg.spiegel.de
PW-Portal für Politikwissenschaft
http://pw-portal.de/
Qantara
http://de.qantara.de/
Kartenportal.CH (Rechercheportal für Karten und Geodaten)
http://www.kartenportal.ch/
Recherchieren im Internet
http://www.recherchieren-im-internet.ch/index.php
Regensburger Verbundklassifikation – Online
http://rvk.uni-regensburg.de/
Research Blogs
http://jilltxt.net/txt/researchblogs.html
Research Explorer (DAAD)
http://www.daad.de/deutschland/forschung/research-explorer/
Richard Kimber's Political Science Resources
http://www.politicsresources.net/
Science Citation Index
über → Web of Science
Scirus
http://www.scirus.com/
Scopus
http://www.scopus.com/
Scour
http://scour.com/
Search.com
http://www.search.com/
Schopfheimer Hypervirtuelle Bibliothek
http://www.schopfheim.de/bib/virtbib/g-sozialwissenschaften/Gk.html
SciencePORT
http://www.scienceport.de
Social Science Eastern Europe
http://www.gesis.org/knowledgebase/index.html
Sophikon
http://www.sophikon.de/
SozialwissenschaftenFAQ
http://homepages.uni-tuebingen.de/juergen.plieninger/sozwissfaq/
Sowiport
http://www.gesis.org/sowiport
SocINDEX
über → DBIS
SSCI – Social Science Citation Index (Web of Science)
http://wokinfo.com/products_tools/multidisciplinary/Webofscience/ssci/

Standard Thesaurus Wirtschaft (WISO)
http://www.wiso-net.de/thesaurus/
Statista
http://de.statista.org
Statistik-Portal – Statistische Ämter des Bundes und der Länder
http://www.statistikportal.de/Statistik-Portal/
Statistisches Bundesamt Deutschland
http://www.destatis.de/jetspeed/portal/cms/
Subito
http://www.subito-doc.de/
Sucharchiv
http://www.sucharchiv.com/
Suchfibel
http://www.suchfibel.de/
Suchmaschinen Datenbank
http://www.suchmaschinen-datenbank.de/
Suchmaschinentutorial UB Bielefeld
http://www.ub.uni-bielefeld.de/biblio/search/
Suchseite Rainer Rilling
http://www.rainer-rilling.de/suchen.html
Synonyme.de
http://www.synonyme.de
Talk.politics.theory
http://www.faqs.org/faqs/by-newsgroup/talk/talk.politics.theory.html
Technorati
http://technorati.com/
Theorieblog.de
http://www.theorieblog.de/
Thesaurus Sozialwissenschaften (Sowiport)
http://www.gesis.org/sowiport/nc/suche/thesaurus.html
Trendiction
http://www.trendiction.de/s/
Vascoda-Blog
http://vascoda.wordpress.com/fachportale/
Vergleichende Politikwissenschaft
http://vergleichende-politikwissenschaft.de/
ViFaPolBlog
http://blog.vifapol.de
ViFa Ost – Virtuelle Fachbibliothek Ost
http://www.vifaost.de/
ViFaPol – Virtuelle Fachbibliothek Politikwissenschaft
http://www.vifapol.de/
ViFa Recht – Virtuelle Fachbibliothek Recht
http://www.vifa-recht.de
VILP – Viadrina International Law Project
http://www.vilp.de
Woxikon
http://synonyme.woxikon.de/
WAO-Abkommen
über → DBIS
WAO – World Affairs Online
über → DBIS
Web of Science
http://wokinfo.com/*about*/whatitis/
WEBIS
http://Webis.sub.uni-hamburg.de
Wikipedia
http://www.wikipedia.de
Wikisource
http://de.wikisource.org
WISO SOWI / Wiso Sozialwissenschaften
über →DBIS
Wörterbuch.info
http://www.woerterbuch.info/
WorldCat
http://www.worldcat.org/
WPSA Worldwide Political Science *Abstracts*
über →DBIS

WWW Virtual Library
http://vlib.org/
Yahoo
http://de.yahoo.com/
Yahoo Directory Political Science
http://dir.yahoo.com/Social_Science/Political_Science/Political_Theory/
Yippy
http://search.yippy.com/
ZACK Gateway
http://opus.tu-bs.de/zack/
ZDB – Zeitschriftendatenbank
http://www.zeitschriftendatenbank.de/
Zoon Politicon
http://www.zoonpoliticon.ch/blog/
ZVDD Zentrales Verzeichnis Digitaler Drucke
http://www.zvdd.de/

## LITERATUR

**Eco**, Umberto: Wie man eine wissenschaftliche Abschlußarbeit schreibt: Doktor-, Diplom- und Magisterarbeit in den Geistes- und Sozialwissenschaften. 13., unveränd. Aufl. der dt. Ausg. Wien: Facultas, 2010

**Franke**, Fabian: Schlüsselkompetenzen: Literatur recherchieren in Bibliotheken und Internet. Stuttgart [u.a.], Metzler, 2010

**Handbuch** der bibliographischen Nachschlagewerke/Wilhelm Totok und Rolf Weitzel. Hrsg. von Hans-Jürgen Kernchen. 6., völlig neu bearb. Aufl., Frankfurt am Main: Klostermann. Bd. 1: Allgemeinbibliographien und allgemeine Nachschlagewerke. 1984, Bd. 2: Fachbibliographien und fachbezogene Nachschlagewerke, 1985

**Heimes**, Silke: Schreiben im Studium: das PiiP-Prinzip. Mit 50 Tipps von Studierenden für Studierende. Göttingen: Vandenhoeck & Ruprecht, 2011

**ITA**: Internationale Titelabkürzungen von Zeitschriften, Zeitungen, wichtigen Handbüchern, Wörterbüchern, Gesetzen, Institutionen usw. / Otto Leistner [Begr.]. 12., erw. Aufl. München [u.a.]: Saur, 2009

**Kranenpohl**, Uwe [et al.]: Grundkurs Politikwissenschaft: Einführung ins wissenschaftliche Arbeiten. Wiesbaden: Westdeutscher Verlag, 2003

**Runkehl**, Jens und Torsten Siever: Das Zitat im Internet. Ein Electronic Style Guide zum Publizieren, Bibliografieren und Zitieren. 3., korr. Aufl., Hannover: Revonnah, 2001

**Schneider,** Wolf: Deutsch! Das Handbuch für attraktive Texte. Reinbek: Rowohlt Taschenbuch, 2007

**Schneider,** Wolf: Deutsch für junge Profis: wie man gut und lebendig schreibt. 2. Aufl. Reinbek: Rowohlt Taschenbuch, 2011

**Stykow**, Petra: Politikwissenschaftliche Arbeitstechniken. 2., durchges. Aufl. Paderborn: Fink , 2010

**Weber,** Annemarie: Sag es treffender. Ein Handbuch mit über 57 000 Verweisen auf sinnverwandte Wörter und Ausdrücke für den täglichen Gebrauch. Hrsg. von A. M. Textor. Reinbek: Rowohlt Taschenbuch, 2011

**Werder**, Lutz v., et al.: Wissenschaftliches Lesen und Schreiben. Berlin: Schibri-Verlag, 2000

**Werder**, Lutz v.: Kreatives Schreiben in den Wissenschaften. Berlin: Schibri-Verlag, 1995

*Wenn Sie weiterlesen möchten...*

Toni Pierenkemper

**Geschichte des modernen ökonomischen Denkens**

Große Ökonomen und ihre Ideen

Die wichtigsten Interpretationen ökonomischer Sachverhalte werden mit den realhistorischen Phänomenen der jeweiligen Zeit in Verbindung gebracht.

Wichtige Themen sind das gesamtwirtschaftliche Wachstum, Verteilungsprobleme, individuelle Nutzenmaximierung, Keynesianismus, Monetarismus – und ganz neue Ansätze wie Evolutorik, Spieltheorie oder Verhaltensökonomie, die ihr Potenzial noch beweisen müssen.

*Wenn Sie weiterlesen möchten...*

Christoph Barmeyer

**Taschenlexikon Interkulturalität**

Interkulturalität betrifft auch in Deutschland zunehmend mehr Menschen in einer sich »interkulturalisierenden« Welt, sei es aufgrund der Multikulturalisierung der deutschen Gesellschaft oder aufgrund der Internationalisierung deutscher Unternehmen.

Bei interkulturellen Kontakten erleben Menschen Gemeinsamkeiten, aber auch Unterschiede, die verstanden und gemeistert sein wollen. Deshalb gewinnt die Forschung hierzu zunehmend an Bedeutung.

Das Lexikon präzisiert prägnant und fundiert zentrale Begriffe und Konzepte, insbesondere zu Kommunikation und Lernen.